GREEN
GOLD

THE EMPIRE
OF TEA

绿色黄金

茶叶、
帝国与工业化

［英］
艾伦·麦克法兰
Alan Macfarlane

［英］
艾丽斯·麦克法兰
Iris Macfarlane

著

沈家豪

译

中国科学技术出版社
·北 京·

Green Gold: The Empire of Tea by Alan Macfarlane and Iris Macfarlane, ISBN: 9780091883096.
Copyright © Alan Macfarlane and Iris Macfarlane, 2011
First published as GREEN GOLD in 2011 by Ebury Press, an imprint of Ebury Publishing.
Ebury Publishing is part of the Penguin Random House group of companies.
Simplified Chinese translation copyright © 2024 by China Science and Technology Press Co., Ltd.
All rights reserved.
北京市版权局著作权合同登记 图字：01-2024-3490

图书在版编目（CIP）数据

绿色黄金：茶叶、帝国与工业化 /（英）艾伦·麦
克法兰 (Alan Macfarlane)，（英）艾丽斯·麦克法兰
(Iris Macfarlane) 著；沈家豪译 . -- 北京：中国科
学技术出版社，2025.1（2025.9 重印）.
ISBN 978-7-5236-1034-3

Ⅰ . F749

中国国家版本馆 CIP 数据核字第 2024AR2988 号

策划编辑	申永刚　陆存月　李芷珺	责任编辑	孙倩倩
封面设计	今亮新声	版式设计	蚂蚁设计
责任校对	吕传新	责任印制	李晓霖

出　　版	中国科学技术出版社
发　　行	中国科学技术出版社有限公司
地　　址	北京市海淀区中关村南大街 16 号
邮　　编	100081
发行电话	010-62173865
传　　真	010-62173081
网　　址	http://www.cspbooks.com.cn

开　　本	880mm×1230mm　1/32
字　　数	210 千字
印　　张	8.75
版　　次	2025 年 1 月第 1 版
印　　次	2025 年 9 月第 2 次印刷
印　　刷	北京盛通印刷股份有限公司
书　　号	ISBN 978-7-5236-1034-3 / F·1302
定　　价	69.00 元

献给永远没有机会阅读这本书的人们
——阿萨姆茶园的劳工们

序 言

　　本书由茶园经理遗孀艾丽斯·麦克法兰和儿子艾伦·麦克法兰共同撰写，因而书中呈现出两种写作视角和动机。序言部分我将介绍自己撰写本书的动机，母亲的部分则将在第一章中具体阐述。

　　当我着手写这本书时，我脑海中困惑丛生，充斥着支离破碎的记忆。1941年，我出生于阿萨姆的西隆（Shillong），位于茶树最早被发现的中心地带。我是一位茶园经理的儿子，依稀记得当年在阿萨姆一处茶园中的童年生活。记忆中有广阔的茶树林、坐吉普车穿过茶林的经历、茶叶加工厂的气味、工厂中四处堆满的茶叶以及古旧的搅拌机。宽大凉爽的平房四处围绕着美丽的花朵和修剪整齐的草坪。山间小河里留下了我游泳、钓鱼和吃冷咖喱的足迹。俱乐部里曾有我看马球、打网球的身影。

　　实际上，我五岁前的记忆可能主要来自我在阿萨姆的经历。十几岁的时候，我前往英格兰寄宿学校读书，在此期间我曾两次前往阿萨姆。其中，我对加尔各答极端的贫富差距印象颇深。我曾许下誓言，有朝一日定要回到那里，努力改善贫民窟里人们的生活。但是，对于那些在我优越的童年生活里忙碌不息，通过他们的劳动为我提供财富，使我得以接受良好教育的劳工和仆人们，我却几乎不记得了。或许年少时我就从未想过他们过着怎样的生活。同样，我也没有想过茶叶行业是如何来到阿萨姆的，为何是英国人在掌权，甚至为什么茶叶会在庄园里种植。我写这本书的部分原因就是试图解答这些问题。

二十多岁时，我曾试图回到印度，以了解更多的情况，但出于政治原因无法前往阿萨姆。于是，我只能前往位于喜马拉雅山附近的尼泊尔，以人类学家的身份进行工作，并研究当地与印度人相似的古隆族人（Gurungs）。在那里，我研究了英国军队廓尔喀军团的新兵，他们曾协助守护茶园和周围的山丘。

我虽然心系阿萨姆，但没有机会返回，于是我开始进行了为期五年的研究，探讨该地区那加人（Naga）的历史和文化。然而，这些研究使我更加困惑。为什么英国人要将他们的帝国版图延伸至如此遥远的印度东北方？为什么他们当初非要进入那加丘陵，后续结果又如何？我的研究与茶园相关，这使我对一个核心问题愈发疑惑，即这里为什么会有茶园的存在？

1990 年，我访问了日本，在这次以及随后的三次造访期间，我开始试图将日本文明作为我人类学研究的一部分加以理解。在日本，让我印象最为深刻的莫过于茶在日本文化中的核心地位。我们随时都能喝到茶，可以看到它对于日本宗教、陶瓷以及生活各方面的广泛影响。在参加过几次茶道仪式并去过几家茶馆后，我更能体会到茶在日本人心中的地位。为了进一步了解日本文化，我阅读了一些关于宗教和美学的书，通过阅读我了解到，茶远远不只是我先前一直认为的热饮品那么简单。在日本人眼中，茶具有近乎神圣的属性，如同药物一般，并具备某种特别之处。

如果茶对日本文化的影响如此之大，那么在其他方面是否也是如此？这是否就是我童年时期能见到大片碧绿茶树的原因？

正当所有这些零零散散的想法和经历在我脑中挥之不去时，我借此在 1993 年开始再次研究工业革命的起源问题。18 世纪，西方出现了非同寻常、前所未有的工业文明。它为何首次出现于英国？为何刚好在那个时间开始？究竟是何原因？

1994 年夏天，当我们在剑桥郡的花园里建造茶舍时，我脑海中再度浮现出之前困扰我的那些难题。我开始问自己，答案是否就存在于我童年时代的茶树丛中？答案是否和饮茶文化的发展有关？

一想到这里，我仿佛茅塞顿开。18 世纪 30 年代，茶叶开始大量涌入英国，多数英国人开始与之接触。当时，水源性疾病正好不再为患。使用沸水煮茶可以杀死水中绝大多数有害细菌，如此便为民众提供了安全的饮用水源。也许这就是问题的答案。

不过，还有问题没有解决。首先，所有论述过茶的中日作者，甚至在茶刚进入欧洲就开始研究茶的欧洲医生，都坚信茶中有特殊的成分。他们认为，茶中具有一种有益物质，通过茶的苦味传递，是一种对人类有益的收敛性"药物"。如果这一判断为真，那么其他相关的困惑便可迎刃而解。例如，为什么越来越多喝母乳的婴儿腹泻情况减少？他们虽然自身不喝茶，但是否通过乳汁吸收了母体中的茶成分？根据一项调查显示，这一推测确有可能。调查表明，茶中的"单宁"并非真正的单宁（tannin），而是一种"酚类"化合物[1]，具有强大的抗菌杀菌功效。

---

① 即茶多酚，茶多酚是一类存在于茶树中的多元酚的混合物。——编者注

当我和母亲坐下来撰写这本书时，上述内容只是我脑海里诸多问题中的一个。我还在思考，茶是如何被发现的？茶中为什么会含有这些特殊成分，尤其是咖啡因、酚类化合物和类黄酮？茶是怎样以及为何能传播到世界各地的？茶是如何进入英国人生活核心的？茶的生产对从事茶叶工作的人以及他们的邻居产生了怎样的影响？茶对喝茶国家的文明又有何影响？茶的传播与中国、日本和英国等强大文明国家的崛起是否存在更广泛的联系？茶所谓的保健功能的可信度又有几分？

在本书中，我试图将碎片化的问题拼凑在一起，贯穿于自己及家人的过去经历中，加以思考。我们家族多代人的生活都与茶叶和阿萨姆地区密切相关。同时，这一探索具备理论价值，可能会在塑造我们生活的世界上作出重要贡献。本书从最初一组小小的困惑和几乎不被人注意的叶子切入，逐步为读者揭示茶是如何演变为史上最令人着迷的爱好之一的。

艾伦·麦克法兰

目 录

第一章

麦克法兰太太①的回忆录

---

① 此处指艾丽斯·麦克法兰。——编者注

自记事起，我便一直被裹挟在铺天盖地的殖民地谎言中："在印度那边"有着一群身份低劣、皮肤黢黑的人。能被我们管治，是他们的"荣幸"。从小到大，我一直被灌输"东方人就是被征服的种族"的思想。这般"印度思维"一直未曾改变，整个南亚次大陆的人民均被这样看待。

父母、祖父母、叔伯兄弟都去过那里。在棕褐色的旧照片中，他们站成一排，倚靠在步枪、马球杆或死去的老虎上，傲然地眯着眼睛看向阳光。女人们舒适地躺在船上的躺椅上，或侧坐在毛色光亮的马背上，头上的软帽被太阳帽取代。在斑驳的热带树荫下，她们神态安详，因为戴着头巾的男人们正帮她们牵着缰绳。

其他男人则围在身着小号骑马裤、骑在驴背上的小男孩转来转去。照片里，仆人比亲戚更多，他们恭敬地站在一旁候命。在印度那个地方，家里的男人们都要去参军，他们通常会成为廓尔喀军团的军官。据说这些男人对白人军官仰慕不已，甚至到了顶礼膜拜的地步。姑娘们在嫁人前则习惯外出，玩得高兴。事实上，印度就像一个垃圾桶，里面充斥着愚蠢、肥胖、满脸疙瘩以及不适合结婚的人。

当然，我们并不这么认为——我们从小就被告知，印度人有我们是幸运的；他们起初也不明白为何如此，但等我们以学者、传教士、商人、士兵和教师的身份将"知识"强加给他们之后，他们便理解了。我们的男性家庭成员在韦斯特沃德霍（Westward Ho）的联合军事学校（United Service College）或类似的公立学校接受教育，被训练得"善于与原住民相处"。1815 年至 1914 年，全世界 85% 的土地都处于殖民状态，因此周围有着大量的欧洲原住民。贝尔福（Balfour）等政治家不断鼓吹，声称"在我们的管理下，他们拥有史无前例最好的政府"。这种充斥着刻板印象的言论甚嚣尘上，愈演愈烈。欧洲人是"无私的管理者"，他们是"天生的逻辑学家"，拥有"与生俱来的智慧"；白人男性就是富有的代名词。印度人则无一例外的"邋遢"，除了王公，其他人都非常贫困。

1938 年，我怀揣着这些荒唐的观念前往印度，仿佛是去了一所修身养性的学校，希望能磨平我的棱角，并减掉多余的体重。那时我 16 岁，准备投身于母亲所描述的漫长派对般的印度生活。当时，我认为自己过几年就能返回英国，身材苗条、自信满满地去上大学。而与此同时，我母亲在我踏上斯特拉斯纳弗号（Strathnaver）轮船的那一刻起，便开始为我筹备嫁妆。在当时的印度，有很多中年男人没有成家，他们并不在乎女人的"外表"，甚至还可能欣赏我聪明的头脑。而在英国小说家亨利·詹姆斯（Henry James）笔下的那个社会里，这样的情况反而是一大累赘。

我们居住的军营（当时父亲从正规军队被调派到了军营部门）整洁有序，但周围茫茫混乱一片。印度人总是生活得很邋遢，这就是他们被称为"邋遢鬼"的部分原因。我们住处四周有着白色的篱笆、白色的树干、白色的大门和门窗——一切都被刷成或重刷成白色，或许这就是我们肤色"优越"的象征。我们住在白色平房里，周围种植着金盏花、牵牛花和红色鼠尾草（从那以后我再也不喜欢这些植物），军营中心则是一个带有网球场和高尔夫球场的俱乐部。军营里还有一座教堂和一家医院，但没有商店。厨师每天早晨会前往集市，我的母亲则将他的采购情况如数记录在自己的账簿上。所有东西都很便宜，但厨师每天汇报的数字还是会被质疑。印度人都很"chilarky"——这个词涵盖了撒谎、欺骗以及一种（与生俱来的）无法自制的狡猾本性。

军营驻扎着一两个团，包括文官部门、警察局和林业部门的人员，还有一些医生、负责补给安排的皇家陆军勤务兵团（Royal Army Service Corps）以及铁路工人。这些铁路工人通常是有色人种，往往很少在我们的视线里出现，与普通士兵共用级别较低的俱乐部。天气炎热时，除了初级职员和铁路工人，整个机构都会搬迁到山里。

山里有一个湖泊，因而船艇俱乐部就成为社交生活的中心，即便如此，森严的等级体系也一直保持着。山顶上，一座宫殿般宏伟的房子中，被数百英亩（1 英亩 ≈ 4047 平方米）的公园所环绕，住着总督。稍小一些的豪宅里，负责东方指挥部的将军坐在那里，对不能回应他粗鲁嘲讽的任何人都表现得很无礼。他任命自己的儿子担任副官，女儿担任管家。总督和将军的邀请推辞不得；赴约能够巩固自身的地位，让自己的上座安排不被改变。英属印度时期，社会阶层分明，人们小心谨慎，不敢逾矩。来自印度医疗协会（Indian Medical Association）的医生比皇家印度陆军医疗队（Royal Indian Army Medical Corps）的医生更受尊重，他们有机会坐在总督或总督夫人近身处。我被安排在餐桌最下首，紧挨着副官。副官通常是时髦的骑兵军官，身着金色穗带，脚穿发亮的靴子，佩戴着马刺。在我十七岁生日后不久的 9 月初，战争开始爆发，但网球聚会、高尔夫比赛和晚间舞会的生活几乎没有受到影响，不过我想尽快回家的希望却就此被扼杀了。然而，没人认为这场战争会持续很长时间。我们从收音机里听到有关敦刻尔克与不列颠之战的消息，于是准备了一些纱布，以供不时之需。一整个旅团的士兵抵达这个地方接受训练，使得整个军营一下子充斥着身穿制服的年轻男子。当我十八岁时，他们中的一人带我走向了祭坛，娶我为妻，至此母亲悬着的心也放了下来。

战争结束后，他成了一位种茶人。有些遗憾的是，"小商贩"（商人）在我们家族的语言中几乎与"普通百姓"同义，但人们都觉得种茶人很有钱，应该住在偏远宁静的地区。在我离开前，母亲带着满满一箱烤面包架、菜盘和中式汤碗，高高兴兴地将我送往东方边陲。那里正在组建一个由种植园军官领导的新军团，以训练阿萨姆的山民。后来，阿萨姆兵团和我的丈夫被调派到了不同的地方，而我也去了其他地方。五年后，我们有了三个孩子，自此我们在一个茶园里开始了稳定的婚姻生活。我曾设想茶花在果园中盛开，甜美芬芳的景色环绕着我们第一次安定下来的家。但对于如何将这香气四溢的景致转变为壶中饮品，我毫无概念。1946 年 7 月我来到这里时，脑海中所有的错误观念依然存在。在战争期间，我大部分时间都和父母在一起，他们不愿意也无法相信印度会独立的事实。以他们的圈子看来，甘地和尼赫鲁最好待在监狱里。在游艇俱乐部，人们谈论的是那些举着"退出印度"标语牌的小游行队伍;只需给游行队伍中的孩子支付少量酬金,他们就会高声呼喊、挥舞旗帜。直到我父母退休时,他们的想法依然没有改变。当我抵达阿萨姆时,也像蚕一样,被这些幻想般错误的观念层层包裹。

二十九岁时,我的丈夫麦克(Mac)有了两年的种植经验,他接手了一个大型庄园的管理工作。从而,战争期间一直在那里的夫妇离开了。经理居住的大平房几乎和我来印度时乘坐的斯特拉斯纳弗号轮船一样大,同样是木质结构,有上下两层。我们住在楼上,孩子们骑着三轮车绕着一楼的柱子玩耍。一楼的中间有一个上锁的储藏室,我们找到钥匙并将其打开,发现里面堆着食物、冰箱、缝纫机和美国夫妇离开时留下的备件。我们拿了几罐冰激凌粉,但冰箱和风扇还不能使用,得等经理回来后向他付过钱才行。

茶叶原来种植在离平房有一段距离的灌木丛中,但我并没有看到采摘或者制造茶叶的过程。当时家中没有汽车,三个孩子也都还不到五岁,因而我每天都忙到流泪,一边逗孩子们开心,一边确保他们的安全。巨大的黑色黄蜂在天花板上筑巢,身长如鳄鱼的蜥蜴吐着"蛇信子"在走廊上游荡。一天,当我从顶层走廊往下看时,发现一头驼背的公牛,它长着分叉的犄角,正俯身斜靠在婴儿车上。好在,它像所有的婆罗门牛一般温顺,当认出婴儿车中的小生命后,便离开了。周遭可能还有蛇,或许还有老虎,但最让人糟心的是蚊子。因此,我不管走到哪里都随身携带着灭蚊喷雾器。

和绚丽多彩的野生鸟类、蝴蝶和动物一样丰富的,还有缤纷绽放的紫色、红色、金色、杏色和珍珠白色的植物。它们层叠有致，如喷泉四溅，到处攀爬，几乎不需要园丁照料。园丁在修剪成片的草坪后，坐在阴凉处，用水壶喝茶。麦克告诉我，他们和其他仆人都来自劳工区（生活区），但对我而言，他们只是一些"无所从来，亦无所去"的棕色身影罢了。他们并不像我母亲的仆人那般精明，我母亲的仆人会穿着熨烫平整的白外套，搭配以闪亮黄铜扣子固定的彩色腰带。他们住在花园底层的棚屋里，那里被称为仆人住宿区。在接受过"原住民不老实"思想的灌输后，我也会习惯性地数一数咖啡桌上银盒子里的香烟，时不时量一量酒瓶里的威士忌。我觉得这些园丁看起来多少有些邋遢，不知道如果给他们换上熨烫平整的白色外套会不会好一些。

我一直想有一辆车。几个月后，我在美国佬留下的另一个废料堆里意外发现了一辆老旧的希尔曼明克斯（Minx）汽车。有了这辆车，我们终于可以去俱乐部了，为此我非常兴奋。此前，我一直一个人照顾着几个蹒跚学步的孩子，丈夫极少在身边，现在能够和其他茶园主的太太们见面，大大改善了我单调的生活。这天下午天气闷热，我给大家穿上清爽的棉衣，准备出发，这也是我们第一次外出。孩子们吮吸着大拇指，不悦地打着盹，麦克则咒骂着漫步的牛和坑洼的路面。我第一次看到了茶，也看到了背着篮子在茶园里弯腰采茶的女人。她们在树荫下乘凉，散发着美丽的气息。我心中不禁感叹，多么惬意的生活啊，简直就像天鹅在绿色茶海上游弋，轻松自在。

到河边后，我们爬上了一条敞篷小船，小船虽然并不结实，但孩子们醒来后却很享受这种颠簸且时而溅水的渡船之旅。就在我全身湿透、凌乱不堪时，我努力憧憬着即将前往的俱乐部，以保持自己的好心情。我想象着擦拭锃亮的地板、插满鲜花的摆设、精美的沙发、茶盘以及由身穿白大褂的仆人端着的冰镇饮料。我还想到了图书馆、棋牌室和儿童游戏室。实际上，我还想到了自己在印度另一处了解到的俱乐部，那里的法官、林业官员、警察、医生和上校相聚一堂，讨论着他们的工作和爱好。他们的太太们会一些素描，擅长航行，热衷于园艺和桥牌。尽管俱乐部内部依然存在着一些小团体以及根深蒂固的种族主义，但这仍是一个相当文明的地方。在那里，有友谊，有欢笑，让人非常放松。

下船后，我们爬上泥泞的河岸。一辆公司用车载着我们驶过一些平房，将我们送到一座稍大的平房旁，平房两边是网球场。平房内有一个大厅，其中摆放的家具只有一圈藤椅。从大厅出来是一个吧台，我们走过吧台，来到网球场上，坐在一排硬椅子上观看网球比赛。男人们则前去打台球或是前往自己的酒吧。孩子们无事可做，因为这里既没有秋千也没有沙坑。平心而论，这里根本没有其他孩子。这里没有有趣的"帝国建设者"，只有一些茶园主，他们都是红脸、粗腿、满头汗水的苏格兰人。这种刻板印象至今仍然留在我的脑海中。

打完网球后，十多个女人坐在藤椅上围成一圈，就这么一直坐着。孩子们坐在我腿上打瞌睡，风扇嘎嘎作响，大家谈论着关于仆人的话题。话题中有一些关于送水工的可怕故事。我的天哪，这个人从不学着做事，这么多年来无数人都在告诫他，要把茶壶端到水壶那里。我右手边的女人说，她对于如何操持阿萨姆的一个大平房无所不知，慷慨地分享了她对抹布分配的老道经验：我每天早上得把抹布分发给仆人，到晚上时再收回来。我必须确保每个仆人得到的抹布符合其身份地位——最好的抹布给那些负责搬运物品或提供服务的仆人，破旧的抹布则给负责清洁打扫的仆人。当然，我必须把粮食储藏在仓库里锁起来，大多数平房都会配备这样一个贮藏室。分发面粉和糖的时候我会一勺一勺地发。冰箱也必须上锁——往牛奶里兑水可是众所周知的伎俩。我会缝纫吗？不会？既然如此，我就不必费心将我的棉布卷轴锁起来了，但银器还是得重点关注。如果任何东西的位置开始在屋里发生变动，那它们肯定会在某个漆黑的夜里悄无声息地消失在门外。有趣的是，你可以先假装不知道，然后在最后一刻把偷东西的人抓个正着。切记，这些仆人都来自一些相当原始的种族，就和刚从树上下来没多久一般。他们就像孩子一样，总想着要花招，你必须让他们知道你才是主人。

几个小时后，孩子们都静静地睡着了。我说我要去找自己的丈夫。身边一圈人听到后身子都僵住了。女人进入那扇摇摆门后面的区域是闻所未闻的，那里是男人们专属的酒吧，他们会在尽兴后自行离开。不过，他们似乎总要玩耍一百年后才会离开，跟跄着出来，但仍准备开车回茶园。我们过河之后，取回了车，把睡梦中的孩子抱上楼将他们放在床上。我倚在阳台的栏杆上，俯视着楼下的院子。

负责给我们看家的老人，也就是看门人，身穿一件破旧的衬衫，手持一根棍子，赤着脚来回走动。我应该给他什么样的抹布呢？他究竟在帮我们防护什么呢？老虎？土匪？我知道，一旦我们睡下，他也会马上躺下，枕着头巾，美美地睡上一晚。正当他呼呼大睡时，他头顶上的黄蜂也在蜂巢里打瞌睡，蛇盘踞在干燥的角落，无数飞蛾翕动着银色的翅膀。温暖的夜晚宛如一场嗡嗡作响的交响乐，昆虫的低鸣被青蛙的叫声、远处豺狼的嚎叫和鼓点声打破。萤火虫的光和满天的繁星让夜晚充满了光亮，月季花和百合花散发着芬芳。

我呼吸着甜美的空气，心想这将是我在阿萨姆度过的最后一个炎热的季节了。明年当我们休假回家时，麦克会换一份新工作，我们在印度的日子也就会结束了。我们再也不用和孩子们分开，也不用和一群俱乐部的女人一同围成圈等着男人们出来接自己，更不用看着男人们的衬衫贴在发红的肚子上、裤扣敞开的样子了。我满心欢喜地上床睡觉，完全不知道自己实际上还要在茶园度过二十年的时光。直到 1996 年，我才被抬上担架，离开这个美丽、充满活力、让人筋疲力尽却又充满魔力的国度。

十年后，我才开始真正环顾这个国家。我自己教女儿们念书，直到大女儿十岁那年为止。1955 年后，便只有我一个人待在阿萨姆了。离退休还有十年的时候，我坐在阳台上，把自己接下来的安排记录在日记本上。麦克此时是位于那加丘陵边缘的一座美丽茶园的经理。在之前动荡的日子里（我对此一无所知），那加人曾袭击过那座茶园，但现在他们只是到我们购买珠子并拍照的市场来。我们在附近的一条河上钓鱼时，可以看到他们在铺设竹制鱼笼，之后，他们便会湿淋淋地光着身子和我们一同围坐在篝火边。在部队的时候，麦克很喜欢这些人，尽管语言不通，但我们在一起喝茶吃香肠时笑得非常开心。

我在语言方面存在困难，这也一直是我发愁的地方。劳工们说着五花八门的方言，我都不知道该去熟悉哪一种。但我决定学习阿萨姆语，这样我可以走进村庄，去了解这个我生活已久但对其知之甚少的国家。我还想看一看自己能否给医院和学校提供帮助。当时，我对 1952 年的《种植园法案》（Plantation Act）一无所知，其中包含了很多关于住房、健康和教育的法规。麦克带我看过他建造的托儿所，那是一个水泥广场，因为没有一个母亲把孩子送到那里，所以那个地方还兼作牲畜圈。

在我的计划清单中，探访那些成排的屋子并不靠前。我在遛狗的时候会经过那些地方——那是一排排茅草屋，共用一个公用水龙头，难怪仆人们会长疖子或患上感冒。我一边想着，一边觉得自己的思绪有些混乱，但又难免轻微地生出一丝怜悯。当我呵斥追逐鸭子的狗时，满脑子想的却是如何装饰我新的空调屋。我偶尔也会想，仆人们离开我装着水龙头、电灯和风扇的平房回到自己没有光线和水源的住所后，会不会觉得很奇怪。但这有什么办法，东方殖民地就是如此。

我能找到的唯一一些阿萨姆语教材都由天主教会出版，但其中有一半的页面都是颠倒的，不过麦克给我找来了一位当地的教师，他是一位教员，每周来两次，来的时候就坐在阳台上，两个膝盖由于紧张磕在一起。我给他讲了一些非常简单的故事，比如《灰姑娘》。他非常有礼貌，但由于十分害怕所以不敢纠正我的语言错误，因此我们的教学进展很慢。他不让我付钱给他，反而在来的时候给我带了一条 15 磅（1 磅 ≈ 0.45 千克）重的鱼，好像是我在帮他的忙一样。麦克想，他可能是想在茶园谋个职位。

他邀请我去他家吃饭是不是想要贿赂我？我希望不是。这是我第一次拜访村庄。此前，我们都是在尘土飞扬中快速驶过村庄，但这个村庄是一片有着棕榈树荫的空地。这位老师的房子上爬满了南瓜藤与牵牛花藤。整个村庄一尘不染，仿佛一个摇曳着树叶的幽静避风港。村庄中间有一个池塘，池塘上漂浮着睡莲，几只鸭子也在其中游动。孩子们在玩耍，女人们则在一旁看护，裸露着金色的手臂，怀里揣着水罐。在椰子树和香蕉树的远处，嫩绿的稻穗在被淹没的田地中倒映出来。公鸡啼鸣，耳边传来歌声和斧头劈木头的声音。

出于身份的原因，我一个人吃饭，那位老师的妻子则脸蒙纱丽伺候我进餐。一位老太太端着盘子来到门口，得到了一把米。老师告诉我，这是村里人共同照顾老弱病残人士的习俗。他有三个儿子，正在努力偿还祖父欠下的债务利息。但他的妻子却戴着银手镯和耳环，家里也有一片稻田和一对公牛。他告诉我，如果他能当上助理校长，就心满意足了。

紧握着一袋番石榴，我开心地驾车回了家。之前的误解从此开始消除。阿萨姆人并不是那些茶园主所言的"没骨气的蠢蛋"。和住在成排棚屋的劳工们相比，他们的生活可谓相当"奢华"。我可以想象到自己退休后住在一个有棕榈树遮阴的村庄，门口有香蕉、椰子和番石榴掉落。麦克本以为那个下午我无非就是喝着甜腻的茶水并进行着拘谨的交谈，但当他见到我回来后兴奋的样子，不禁感到十分意外。

我之所以感到兴奋，是因为我能够逃离原先俱乐部的那些人，避免进行晨间咖啡社交，也不用参与周末马球狂欢，因为当时的话题总是围绕着送水工打转。在阿萨姆的那些年里，我从未遇到过其他想要逃离这种生活的女人。大家都觉得我是一个古怪的人，麦克则被当作同情的对象。大多数时候，我并不在意，但偶尔自怜的情绪也会和汗水一样从我的毛孔中慢慢渗出。

拜访过先前的村子后，我着手联系了一个姓氏为巴拉里（Bharali）的印度中产家庭。我曾给一位学者写信（他写的书我现在能够读懂），询问他是否了解有什么我可以拜访甚至住下的家庭。巴拉里家的大女儿阿妮玛（Anima）正在攻读博士学位。她是一个性格温和、戴着眼镜的女孩子，似乎没有结婚的打算。她的妹妹长得很漂亮，且已经结婚，但丈夫在去伦敦读书后就失去了联系，再也没有回来。她希望我能帮她找到他。我回伦敦时，的确找到了那个男人，但我未能说服他回到她身边。

巴拉里一家的房子方正而坚固，我们坐在门廊上喝着柠檬雪宝饮料（lemon sherbet），谈论着我们接下来准备一起做的事情。他们先前就计划好了一次郊游。等雨季结束，河水退去后，我们将一起前往布拉马普特拉河①的一个圣岛，那里每年都会上演一出戏剧，以祭拜克里希纳神。这个岛上都是僧人，而其中有一位特别的高僧，阿妮玛的母亲特别想得到他的祝福。阿妮玛是一名大学毕业生，属于较为年轻的一代。她对这些老套的无稽之谈一笑置之，但认为我可能会对此感兴趣。

麦克认为整件事就像是在"瞎搞"，但还是帮忙准备汽车和司机，送我们到了河边。我们接到了阿妮玛、她的母亲和一个想

---

① 该河上中游为中国境内的雅鲁藏布江。——编者注

要同行的姑姑，她们带了一个大箱子、几个大包裹和一个装着几只鸡的篮子。阿妮玛的母亲还带了一罐烹饪用的油脂，她打算把油脂涂抹在那位高僧的脚上。那些油脂已经开始融化，散发出刺鼻的气味。

我们打算在河边的一家旅店里过夜。我们的房间里有四张床，床单看起来又灰又皱，看上去已经用了很久。不过阿妮玛和我还是在其中两张床上坐了下来，两位老太太则出去杀鸡和准备咖喱。阿妮玛给我讲了克里希纳神的故事。我对印度教一无所知，只是隐约地记得当地供奉了许多神，有一些喷洒红色液体的仪式。阿妮玛信奉纯化的一神论，她母亲想要见的那位高僧也以圣洁无瑕著称。

在老太太们的鼾声中度过一夜后，我兴奋地醒来。在我心里，这个圣岛将是一片由身着金袍、低声吟唱的僧人飘然而过的神圣林地。在我们朝着山顶上那位得道高僧的方向前进时，一股庄严的神秘感将我们围绕。我心中的基督教信仰几乎消耗殆尽，我已经准备好至少在这一天的时间里接受其他神祇的祝福。

我们开车到了湖岸，准备登上汽船。我们和半数的阿萨姆人以及他们的家畜和自行车一同等待着。当我们争先恐后地爬上船，奋力爬上栏杆时，我把经常出现在报刊上的许多乘客在这种渡口溺水身亡的故事抛到了脑后。就在我们刚出发的一瞬间，阿妮玛的姑姑就表示自己想要呕吐，而且很快就吐得我满鞋都是。我动弹不得，无法清理呕吐物，因为我被一辆自行车和一只山羊的屁股挤住了。要是我把这个场景描述给麦克听的话，他肯定会笑着说"我早就告诉过你会这样了"。

阿妮玛母亲的一位侄子住在岛上，准备来接我们。他有一辆出租车，自身也是附近一带为数不多的不信奉神的人之一。阿妮玛的母亲告诉我，这位侄子长得很黑，因此很难娶到妻子。此外，他是个酒鬼，所以其实不太适合开出租车，不过好在岛上交通不便，车辆很少，所以影响不大。人群散去后，他出现了，有些醉醺醺的样子。我们带着一大堆行李以及一罐标着"Cocogem"的食用油一起上了他的出租车。

当我们在崎岖的岛屿道路上颇为曲折地行驶时，阿妮玛母亲的那位侄子不断回头和我们说，他是一位诗人，非常崇拜威廉·华兹华斯[1]（William Wordsworth）。我难道不觉得刚才经过的小房子会让人想起诗人的简陋小屋吗？所缺少的只有水仙花，不是吗？他希望有一天在我的帮助下，能够拜访这位伟大人物的居所，看一看那里的水仙花。

与此同时，我们在寻找高僧住处方面进展甚微。当我们沿着崎岖不平的小路艰难前行时，"Cocogem"的油脂从罐子上滴了下来，随后我们停在了一座并非计划中的寺庙前。这个岛就像阿萨姆的任何其他地方一样，四处可见的是香蕉树、闲逛的牛，以及成片的房子。公鸡在打鸣，女人们在扬谷物。这里并没有给人带来神圣的感觉，反而让人感到烦躁。炎热、尘土飞扬、凌乱。天哪，为什么没人事先准备一张地图呢？我闭上眼睛，"草率"这个

---

[1]　威廉·华兹华斯是一位著名的英国诗人。他是浪漫主义运动的重要人物之一，以其对自然美和人类情感的深刻描绘而闻名。华兹华斯的作品对后来的诗歌和文学产生了深远的影响。——译者注

词在我眼前打转。

阿妮玛惊呼道："我们到了！"随即，我睁开了眼睛。这里有一个小山丘，阶梯通向公园，公园的树下躺着两三只皮肤粗糙的鹿和一只处于换毛期的孔雀。我们来到一个有着铁皮屋顶的房子面前，在那里，几个小和尚帮我们脱下鞋子，并让我们坐在前厅里稍作等待。寺庙里的大师一次只能见几个人。他们给我们端来了几杯浑浊的水，我小口喝了一些，心存疑虑，总感觉所谓的大师可能用这水洗过脚。我的膝盖和背部黏在木椅上，肚子咕噜咕噜地响着。

阿妮玛和她的姑姑先被喊了过去，随后我和她的母亲也被领到一个房间里。房间里，一个裹着白色披肩的大个子男人坐在台上，四处摆放着蜡烛和鲜花。在我准备在他面前磕头时，我突然想到自己应该带束花来，这样更礼貌，希望他不要介意我的疏忽。在巴拉里夫人将那罐已经融化的油脂倒在大师的"圣脚"上时，我始终低着头。随后只听大师一阵低语，伸出一只手摸向她的头，然后她便起身退着离开了房间。

接下来发生的事情让我终生难忘。一只手轻轻放在我低垂的头上，随后通过头顶触及我出汗的额头，渗透我布满灰尘的头皮。奇妙的感觉深入我的脑海，流经我的身体，我感到一阵舒适并浑身充满力量。这种感觉就像阳光倾泻进黑暗的房间，雨水落在干燥的大地上一般。我的心灵之窗突然敞开，世间一切美好都涌入其中。幸福的秘密竟以这种方式悠然展现出来。

当他把手移开时，那种愉悦的感受依然存在。他支吾地说了几句话。他的英语不太好，好像被石头卡住一般，但智慧却畅通无阻，随着语言慢慢渗透出来。距离并不重要，无论我们之间相隔多远，他总会在那里，双手随时准备为我赐福。他是否知道——我想他知道——在绝望的时刻，我多么想频繁地越过那条大河，穿过那条尘土飞扬的小路，将我疼痛的头颅低垂在他的"圣足"之前？

第二天回到家之后，我把船上的经历、阿妮玛母亲的侄子以及整夜上演的戏剧等事情都告诉了麦克。但我没有告诉他，也没有告诉任何人那双为我赐福的棕褐色陌生手掌。现在回想起来，我也好奇自己为什么后来再也没有前往那个小岛。兴许是尽管常常有这种想法，但又担心奇迹不会再现，故而就此作罢。

阿妮玛给了我几本历史书让我阅读，我从中了解到阿洪（Ahom）国王的故事，他的陵墓就在我们的茶园里。他们被埋在大土堆里，土堆里有陪葬的黄金和象牙，但那里早已被洗劫一空。其中一个土堆上有一座寺庙，现在已消失在丛林中。我打算把那片丛林清理出来，让寺庙的遗迹重现尘寰。每天早上，我都带着野餐用具和铲子出发，铲掉粉色瓷砖上的泥土。当我仰躺下来休息时，几只秃鹫在我上方盘旋，似乎期待我已经死去。我的双手搓得生疼，因而进展缓慢。但一想到由政府资助的社会机构即将到来，我很快就会高兴起来。

在我动手之前有没有征求任何人的许可？我记得好像没有。我有没有想过这样做可能会犯忌讳？没有，我从未考虑过这个问题。因此，每当周末当我发现自己堆砌的墙被推倒，劳动成果被毁于一旦时，我都会非常难过。麦克说，应该是那些不守规矩的学生干的，这些人属实欠揍。看到我失望的样子，他也十分恼火。我脸颊上血色褪去，之前因为整天在室外呼吸新鲜空气而呈现出的玫瑰色不复存在，这让麦克心疼不已。我给报社写了一封信表达我愤愤不平的心情，然后就放弃了。我很想念那几只盘旋在我头顶充满好奇的秃鹫。

接下来，我把目标对准了医院。茶园主们对当地的几家医院非常自豪。但当我走进其中一家医院时，竟然发现里面只有一男一女两个病房，而且病房里的铁窗挨得非常近，我吃惊不已。医院后方还有一个专门为特殊病患准备的病房，以及一个小药房。病房里，女人们坐在床上抱着婴儿。屋中没有桌椅，患者和家属带来的食物都只能放在地上。一群苍蝇飞来飞去，母亲们挥动着瘦弱的手臂，驱赶婴儿头顶上的苍蝇。

巴布（Babu）医生先前在孟加拉地区学医，不懂患者的语言，他告诉我贫血是一个大问题。孩子太多本身就是一个错误。他给我看了一些血液样本，颜色很淡，其中有一个几乎是黄色的。患者住院期间，他给他们打了针，但当他们出院回家后，病情就恶化了。现在有了滴滴涕（DDT），他们至少不会再得疟疾。在单人病房里，有一个小女孩躺在病床上，这张床是屋内唯一的家具。巴布医生说，她的肺结核已经处于晚期，到了无法治疗的地步。她家人口众多，没有什么地方可以容纳她，因此让她待在这里反而更好一些，尽管我们也没法为她做些什么。她需要新鲜的牛奶，但很难买到。他告诉我，这个女孩叫妮莉玛，但当我说出她的名字时，她只是继续看着那空白的墙壁。

麦克答应给这家医院安装防蝇门，但至于其他东西——计划生育用品、家具、色彩明亮的油漆、给儿童患者的玩具——我还得去询问 P 医生。他是负责公司所有医院的欧洲人，每两周来一次。他是个很好的人，是我的朋友，尽管他一句乌尔都语①都不会说，但这在当时也没什么不正常的。他的工作是确保必要药品的货源，并做好每次记录。

他说，公司对计划生育不感兴趣。人越多越好——这是压低工资的好办法。工会被法律强制要求后，很多狡猾的家伙到处宣传劳工权利，表示最好的办法就是让极多的人迫切地寻找工作。然而，在合理范围内，可以适当提供计划生育的建议，只要不指望公司为避孕用品付费就行。

我的其他计划是——将这家医院变成一个挂着窗帘和画作，明亮且令人愉快的地方——但是很遗憾，我做不到。老实说，没人理解这样做有什么必要。如果麦克只是想要几桶油漆来刷墙壁的话，那没什么问题，但实际情况是，这些病房里的人会注意到这些变化吗？看看他们来自哪里。如果他们家乡有自来水和卫生设施，就可以节省昂贵的药物，但我明白现在还言之过早。我开始继续关注计划生育，并写信给德里讨论了这个问题。

在等待回复期间，我每天都前往医院。一个傻乎乎的女孩生了孩子，但没有奶水喂养婴儿。别人给了她一个奶瓶，但她竟然不知道该怎样使用奶瓶。我坐下来帮她，但我知道她一旦出院回家，孩子很可能会死，因为她什么也不懂，也没有奶水。我想起了自己曾经用牛奶养大的几只小长臂猿，因而决心要帮助她保住

---

① 　乌尔都语是巴基斯坦的官方语言，也是印度宪法承认的语言之一，属印欧语系印度语族，主要使用于巴基斯坦和印度等国。——编者注

孩子的性命。麦克说，算了吧，亲爱的，你不可能一天往那地方跑五次，这里是适者生存的世界。我明白他是对的，但还是在绝望的心态下做出了一些小的努力。我得确保家中大部分牛奶都能送去医院。

每天早上，我都会花时间和儿童患者在一起。我带着纸张、蜡笔、书本和串珠前去。一位朋友送给我一个漂亮的木制娃娃，还配有衣服，我将其送给了妮莉玛，她的脸上终于露出了笑容。她整天都把娃娃抱在怀里，看起来似乎不那么紧张了，发烧也没有之前那么严重。几个星期后，我发现她的床铺空空如也。她死了吗？不，是她的家人把她带走了，连同那些蜡笔和木质娃娃。巴布医生也阻止不了。几周后，他遗憾地宣布了她的死讯。我哭了，他说："夫人，不用难过，她的病本来就无药可救了。"但我感觉她的家人是因为那些蜡笔和本质娃娃才将她带回家的。我虽然没有直接杀死她，但间接加速了她的死亡。

从德里寄来的信让我重新振奋起来。信中说，达斯小姐将在几周后来阿萨姆，她很乐意向这里的劳工做一次关于计划生育的讲座。达斯小姐会提供所有必要的材料，并免费分发给大家。信中还询问我是否可以让她借宿一晚。

不过，来自西里西亚传教团的天主教神父詹姆斯也想在同一天留宿。麦克感觉无比头大。我们都没想到达斯小姐会如此热情，她刚来十分钟，就把带来的一系列长而圆的橡胶制品放在茶几上展示给我们看。当达斯小姐向我们打听劳工们的性习惯时，风趣幽默的詹姆斯神父向我眨了眨眼睛。麦克告诉她，这些劳工来自不同的种姓，习惯也不尽相同。詹姆斯神父说，既然我们都是无知的人，那就应该让上帝来掌管。达斯小姐听后，无奈地举起戴满手镯的双臂，引用了一些数据来说明印度人口的激增情况，甚至表示在她说话的短短一分钟内就有五十万婴儿出生。

"我感觉这会儿女人们应该都在忙着准备晚饭呢。"詹姆斯神父看了看表说道。达斯小姐听了后哈哈大笑起来。她承认，她和他，一个是老处女，一个是独身主义者，对这种事的确知之甚少。因此，她带来了一些问卷，希望麦克和他的员工能在明天中午她离开之前填写好。麦克事后看了下问卷内容，怀疑是否每个人都能看懂"性交"这个词，尽管这个词贯穿在问卷中的每一行。我觉得达斯小姐非常了不起，也非常勇敢。一个单身的印度女子携带避孕套四处走动，实在是鼓舞人心。麦克说，"嗯，可别鼓舞到你，要是别人知道我的妻子满世界推销避孕套，我就要被开除了"。

虽然麦克对达斯小姐的话不以为意，但还是和员工们安排了第二天早上的露天会议，准备了金盏花和麦克风。会议只允许女性参加，达斯小姐和我都会发表演讲。麦克风前面放置了一张大展示台，上面摆放着达斯小姐带来的东西。我发言的时候，告诉大家因为自己只有三个孩子，所以能够住在大房子里，还能开上车子。实际上，我所说的内容之间毫无联系，都没法说服我们自己。我怀疑我说的英语被翻译得出入很大但更加符合逻辑。达斯小姐介绍了她带来的橡胶制品的用途，并举起一张大海报，上面画着阴茎和睾丸，告诉众人男性可以做什么样的手术。整个会议过程中，人们都沉默严肃。会后女人们一一走过来领取她们的避孕用品。麦克说，第二天空中就弥漫着嗖嗖作响的"小橡胶飞艇"。

起初，我还很乐观，但最终发现只有少数几个女人进行了节育手术，以及我家为了讨好我的厨师做了输精管结扎。我想，这种情况归根结底还是源于人们的无知。这些从没读过报纸、家中从未有过收音机的文盲又怎么可能了解自己的生理周期呢？她们怎么会明白该怎样控制家庭规模呢？这对她们来说太复杂了。所以，教育才是当务之急。休假回来后，我得多关注教育的问题。

1962年，我的一系列打算被中印之间的边境冲突打断。冲突延伸至阿萨姆，我们这些女人只能慌忙地飞往加尔各答躲了几个星期。当时我害怕极了，但现在回想起当时的"逃亡"，自己又满心羞愧。我们压根没有想过那些劳工以及阿萨姆的老百姓会遭遇些什么，因为也不会有大力神飞机来帮助他们撤离。不少茶园经理在离开前都将保险箱的钥匙交给了当地的工头。在他们不在的日子里，茶园照常运转，保险箱也没有被抢劫。

从那时起，我便开始致力于自己的教育使命。根据法律规定，茶园里设有一所小学，政府会负责教育孩子们上到十年级，之后他们可以参加高中入学考试并上大学。茶园里有一所面积与我的起居室相当的小学，供大约一千个孩子使用。孩子们坐在地板上，拿着板子跟着诵读。前来上学的孩子并不多。虽然雇用十二岁以下的儿童违法，但并没有人来检查他们的出生证明，而且即便他们在家，也有很多事情要做——照顾年幼的兄弟姐妹、给牲口喂草、打水。不管他们有没有上过学，父母都认为离开茶园的孩子是没有未来的。我自己掏腰包给他们买橡皮泥和课本，但他们还是不来上学。

中学的情况稍好一些。中学里有几间教室，还有一个新扩建的美术教室。校长承认，这些设施从未使用过，这些东西的存在只是为了提高学校的地位，使学校的老师们能够拿到更高的薪水。不过虽然如此，学校仍然没有足够的钱来聘请一名美术老师和购买相关的材料。啊，我的机会来了。我担任无薪酬的美术老师，并兼任英语教师。校长对我表达了谢意，热情地欢迎了我并发表了讲话，还送了我几朵可以套在脖子上的金盏花。在铁皮屋顶下，教室里热得让人窒息。

美术教室中央有一张很大的桌子，我在上面放了一大块黏土和一些粉末颜料。上课后，我立马拿了半打香蕉分发给学生。我给四年级的每个孩子都分发了一些黏土。这些孩子大约十二岁，我希望他们能用这些黏土做些东西出来。结果，每个人都捏出了一根香蕉。第二天，桌子上又堆起了几十根香蕉。校长仔细打量着这些东西，表示课外活动真的有用。他问孩子们接下来想做什么，几乎所有人都异口同声地说要做弓箭。做弓箭需要大量的竹子和锋利的刀具，我们认为这不太切实际。于是，我找人弄来了酒椰叶纤维和颜料。与此同时，我让孩子们做了毛线球，不过这一次孩子们的作品数量少多了。

英语课的情况就好很多。我教五年级学生语法，教十年级学生《麦克白》（Macbeth）和《培根随笔》（Essays）。这些孩子都是周围乡村工作人员的孩子，没有一个来自棚屋区。女孩们都很漂亮，油亮的发辫上系着粉色丝带。有些男孩则留着浓密的小胡子，看起来像三十来岁的大人。他们聪明又热情，喜欢我在语法课上带他们做的游戏。不过，在教授《麦克白》的课堂中我遇到了问题——我该如何解释一片荒芜的草地或是向他们介绍其中任何一段精彩的演讲呢？我纠正了他们抄袭班上最聪明男孩文章的习惯，否则每次交上来的一摞作业都是一模一样的。我让他们写主题为"我的周日"或"我的祖父"的文章，打开了了解他们生活的大门。这些日子是我在阿萨姆最快乐的时光。

因为我对教育的兴趣，我被邀请参加学校的演讲日和颁奖典礼。参加这些活动对我而言实在宛如一场考验——我得坐在闷热的帐篷里，听着牙齿掉光的老人就着几乎坏掉的麦克风发表演讲。孩子们得到破旧的小书作为奖品。典礼上还通过了许多决议，我们不断喝着传递而来的茶水，嚼着茴香，时间一小时一小时地过去。

典礼中还偶然出现了一些重要的宾客，其中一位是教育部部长。这个人很有魅力，他告诉我他很想开展童子军和女童导游活动，对于我不愿意组织这些活动感到失望。我告诉他，我之前就不喜欢当女童导游，一直学不会用一根火柴点火，他很不理解。会议结束后，我们并没有看到教育部部长的交通工具。我们坐在路边的靠背椅上等接我的车。部长自嘲地说，"看来我走不掉了"。随后，他告诉我他正在写博士论文，并且希望能够去英国做研究。夕阳西下，鹦鹉们啼叫着，飞回了山里。我感受到，和教育部部长的交流和之前与任何茶园主的谈话都有所不同。

一天，麦克带回家一封信，信中的内容让我们笑了很久。这是一封风格独特的情书，两侧点缀着蓝色的眼泪图案。我能看懂这封信，信中虽传达着至死不渝的情感，但无伤大雅，没有任何暗示。但麦克却说，这封信在老师中引起了轩然大波，因为它是写给工头女儿的。写信人是女孩的同学，一个来自贫穷村庄、家徒四壁的男孩。

　　此外，这个男孩之前还约女孩见过一次面，去的时候带了三把伞。没有人知道为什么，但人们都怀疑他动机不纯。几天后，在老师们的审问下，一切真相大白。他说自己带了三把伞是因为外面的雨实在太大。当麦克告诉我这件事的时候，我忍不住笑了出来，不过工头似乎觉得一点都不好笑。他要求学校开除那个男孩，以免他"迫害"其他女孩。

　　之后我发现这个男孩是十年级的学生，正是那个大家都抄袭他作文的聪明学生，他不久后就要参加考试升入高中。我请求学校原谅这个学生，不然他的前途就毁了。学校计划的处罚远远超出了应有的程度。退一万步说，他做的那些算得上哪门子罪行？本以为自己作为经理的太太，我的意见会比工头更有分量，但我错了。我感到十分沮丧，心中充斥着极为真切的痛苦，再也无法去学校上课。还好不久后我们就要外出休假，这才让我有时间平缓心情。

　　我们结束了退休前最后一次度假回到了印度。对我而言，此时的印度已经是一个截然不同的国家，原先我眼中主观的天平早已落下。我看到工人们住在肮脏的棚屋里，看到贫血的妇女和没有受过教育的儿童。我眼中的医院实则只是堆积病床的场所，这里没有护士，也没有供患者维持生命的饮食，医生每两周才来一次，对患者的情况不闻不问。唯一的学校只不过是由四面墙和一个屋顶围起来的场所，毫无教学特色，设施简陋至极。我开始冲着麦克大吼大叫："公司不是很赚钱吗？为什么一点钱都不愿意花？居然什么都没有！"我号啕大哭："为什么甚至连一个足球场都没有，连一辆送人们去最近城镇的大巴车都没有？"他理解也认同我所说的一切，但表示这都是制度的问题。他听命于公司，而公司则听命于印度茶叶协会（The India Tea Association，ITA）。此时此刻，公司正在就建造新棚屋的政策争论不休，并且很可能不会就此执行。

我仍然坚持教育才是关键。无知使人无助，看不见任何未来。我梦想能建立一所师范学校，由海外志愿服务项目组织的教师来任教，不分阶级和背景，向所有人开放。等董事会主席冬天来这里的时候，我会去找他说这件事。麦克得知后，用不屑的语气模仿董事会主席说道："这不是在做慈善，亲爱的女士。""等时机成熟再说吧，亲爱的。""我们交了那么多该死的税，现在要勒紧裤腰带了，哪还有钱花一大笔钱去给学校建房？"

然而，事实真的和麦克所言一致。董事会主席说："唉，时代不同了，慈善事业根本做不起来的，公司没钱做这些的，亲爱的女士。"我本想问他，他和他的夫人每年冬天都坐着头等舱去度假的钱是哪来的，但还是忍住了。我只是告诉他，茶叶行业在阿萨姆已有一百多年的历史，但没有留下任何值得纪念的东西。建一所美丽的学校可以填补这一空白。他身体向前倾了倾，拍了拍我的膝盖，建议我这聪明的头脑不如多想一想其他主妇该想的事。他的妻子赠予我们插画和挂毯。麦克一边给他们俩又倒了一杯杜松子酒，一边朝我眨了眨眼睛。

我去找阿妮玛求助。我们在她的花园里安排了一次会议，邀请了我们能想到的最有钱的人——主要是马尔瓦利人，据说这些人在世界各地的银行里都存有巨款。大家纷纷发言，都对这个项目表示称赞。会上我们通过了许多决议，确定了学校的选址，明确了学校的名称（采用最有钱的马尔瓦利人的名字）。但不知何故，商议完这些后，一切都不了了之。麦克告诉我这再正常不过，我朝他吐了一口唾沫。计划再次落空使得我们的婚姻备受煎熬。

之后，阿妮玛和我继续走访村庄，为我筹备撰写的书收集民间传说。走访期间，我观看了马球比赛，并邀请朋友共进晚餐，同时过着两种生活。不过，这样的生活终究太过繁忙。一天，我坐在门廊上时，突然一阵恐慌袭来。我四周的植物非常危险，具有很强的毒性。感受到四处都有毒后，我不停地洗手以防中毒。除了恐惧，我还感受到疼痛，我拿了一些药，并被送往医院治疗。在疼痛和恐慌交错间，我望向美丽的花园。花园里，松鸦像蓝色的扇子般躺在草坪上，展翅晒太阳；白鹭每天下午飞来向人们展示着茶间芭蕾；金鹂通过鸟盆饮水，蜂鸟在兰花丛间振翅飞舞。当茶园工作人员得知我要在麦克之前被送回国时，他们还为我举办了欢送会。会上我痛哭流涕。我在阿萨姆的生活就以这样不光彩的方式收尾了。

四年后，阿萨姆公司清算了大部分财产，将茶园卖给了马尔瓦利人，所有的欧洲经理都离开了。对他们大多数人而言，这里的生活很美好。对她们的妻子而言亦是如此：她们安逸而无知，对学校、医院和棚屋都漠不关心，一如我现在这般"理智"。她们不用因心情沮丧而身体抱恙，她们享受着温暖的气候、仆人的伺候、精彩的网球比赛和奢华的房子，她们的丈夫为她们的快乐而高兴。

接管的印度经理们继续着那种被当代作家称为"炫耀殖民主义的生活方式"。毫无例外，这些人都是当年公立学校的产物，比如杜恩学校（Doon School），他们的头脑中充斥着与我当年一般对印度的误解。他们看过的那些古老地图，都与退休殖民官员撰写的帝国历史息息相关。总体而言，他们的教育水平要高于大多数欧洲茶园主，但仍存在狭隘之处。

不过，当我 2002 年 11 月访问印度西南部喀拉拉邦的一些塔塔茶园时，我发现那里的条件要比我上述的描述好得多。

第一部分
上 瘾

第二章

喝茶上瘾

在吉卜林的"自然神论"中，连续一周不喝茶会让宇宙秩序崩塌……

——《每日电讯报》(*Daily Telegraph*)，1938 年

水在许多方面都"主宰"着这个世界。水是人体的主要成分。根据气候、工作和体重的不同，每人每天需要摄入 2 到 4 品脱（1137 ~ 2273 毫升）的液体，以维持生存。其中大约一半的日常需求来自我们摄入的食物，而剩下的则通过饮品获得。这就意味着，除了空气以外，地球上任何其他事物都不如水对人类的生存那般重要。

在历史上很长一段时间里，许多地方的人们都饮用白水，现在仍是如此。数万年间，狩猎采集者无法抵御水传播的疾病，但由于人口分布稀疏且流动性强，因此危险并不大。人们不断迁徙时，会将粪便和其他可能有害的废物丢弃，故而水源基本能够保持清洁。有害细菌的迅速演化受到了抑制，即便存在，也主要发生在其他哺乳动物中。

大约一万年前，当人们定居的城市文明出现时，许多因人口密度高而产生的疾病开始出现。许多被我们称之为"现代病"的

疾病，如疟疾、流感、结核病，开始疯狂肆虐。水源开始受到污染，尤其是在城市和拥挤的农村地区，水传播的疾病蔓延开来。随着文明大国开始出现，疾病带来的危险不断升级。到两千年前，这个问题已经广泛存在。

白水作为一种理想的饮品，虽然在口味方面得分较低，但在成本和可替代性方面得分很高。然而，在世界许多地方，白水的安全性日益受到威胁。那么，在过去的两千年里，对人类而言，除了水之外还有哪些替代品，能够支撑全球人口从不到 25 亿增长到如今的超过 62.5 亿？[①]

如果有人问最原始的社会里人们都喝些什么的话，很多人可能会想到牧民部落里的牛奶和羊奶。当然，喝奶在某些社会中的确有着很重要的地位。然而，动物奶作为水的主要替代品存在几个问题，其中包括供应和成本。只有那些拥有大片自由放牧土地的人才能获取大量的奶。因此，大规模的奶源养殖就局限于西北欧、中亚以及喜马拉雅山脉、印度和东非的某些牧区。

此外，直到现在，尤其是在城市和人口密集的地区，动物奶通常被视为一种非常危险的物质，里面充满了细菌，其中一些会致病。动物奶富含脂肪，非常利于许多水中不会出现的微生物进行繁殖。其中甚至还有一些致命的微生物对动物奶尤其适应，比如牛结核病。饮用未加热的牛奶，尤其是挤出后在外存放若干小时的牛奶，很容易出现致命症状。因此，直到大约一个半世纪以

[①] 这是 2003 年以前的数据。——译者注

前路易斯·巴斯德（Louis Pasteur）发明了牛奶杀菌法之后，饮用奶才在定居的文明社会中广泛传播。如今，我们已经忘记了动物奶中潜在的危险，或者从动物体内挤出液体然后放入我们口中的怪异行为。

动物奶无法广泛代替白水的另一个因素是，并非所有人都喜欢喝奶或能够喝奶。动物奶有一个有趣的特点，那就是消化它所需的酶在婴儿断奶后便不会自然存在于人体内——人体需要加以调整才能接受和消化牛奶。如果孩子在断奶后没有摄入大量动物奶，他们可能会出现乳糖不耐症。因此，饮用动物奶或食用奶酪、黄油等乳制品会让很多人感到非常不适，这种情况在缺乏乳制品生产的地区非常普遍。

试想一下，该如何设计一种能够征服世界的饮品以满足人类的需求。想要做到如此需要些什么？成本和易获取性是最为重要的因素。它必须足够廉价，能够成为数百万穷人的饮品。无论这一饮品由什么原料制成，都应产于广泛的生态区域且容易种植、生长迅速。这种原料能够使用的部分越多，收获的频率越高，效果就越好。此外，它还必须易于运输和储存。

人们还得愿意消费这种产品。也许甜的东西会更好——甜食对人的味觉而言总是具备着很大的吸引力。然而，并非所有的饮品都是甜的，能够给饮用者带来愉悦感亦极具吸引力。这种饮品必须能够使人身心焕然一新、振奋精神，提供能量加以放松。它还必须是安全的——许多危险的微生物可以通过饮品被人体吸入。任何清洁水的替代品都必须相对无菌，才能吸引数百万消费者。

最后，如果这种神奇饮品要作为主要液体摄入，它必须真正解渴，而且每天饮用 1 到 2 品脱（568～1137 毫升）都不会干扰工作和专注力。

随着城市文明的出现，一些饮品呈现出具备解渴功能的潜力。这些饮品是由谷物或者植物汁液发酵而成的，通常使用酵母或其他物质来加速发酵过程——其实就是啤酒和葡萄酒。

然而，在世界历史上扮演着重要角色的各类啤酒并不能取代饮用水。其中一个原因是，由糖化谷物制成的温热汤汁以及随之而来的液体是细菌繁殖的理想环境，非常容易变质——虽然当时的人们对此并不了解。在试图寻找解决方案的过程中，人们在意外发现和实验尝试中了解到，如果在酿造过程中添加特定的植物，就可以防止酿酒过程中的液体变质。这些植物通常还能改善口味，使啤酒的口味更为香醇。

古埃及人发现了这一点，可能是借鉴了最早用于制作面包的技术。尤为有效的一种添加植物是几千年前发现于北欧的攀缘植物——啤酒花（hop）。古代德国人就用啤酒花制成了啤酒。我们现在知道，啤酒的涩味和苦味表明其含有某种易于储藏的物质。这种物质到底是什么，以及它到底破坏了什么致腐成分，使得路易斯·巴斯德十分好奇。因而，他决定撰写关于啤酒花和啤酒的博士论文。这个谜团一旦被解开，可能会给这位科学家带来巨大的财富。

啤酒的一大优势在于，以英式"小啤酒"形式制作的啤酒为例，因其酒精含量较低（约为百分之二到百分之三），它不仅可供成年男性饮用，对女性而言也非常适宜。虽然不具甜味，但很多人都认为它"好喝"，并能让人心情愉悦。

作为一种可供普遍饮用的解渴饮品，啤酒也有一个巨大劣势，那便是其制作过程中需要大量的麦芽、啤酒花，尤其是谷物。在 17 世纪的英国，有一半的谷物都用于酿造啤酒。尽管饮用啤酒可以有效获取维生素、碳水化合物和蛋白质，但只有足够幸运的国家才能将一半的谷物用作酿酒——并且仍有足够的谷物用来制作面包。一些部落或许能够大规模生产葫芦中的啤酒，但没有任何大型农业文明能够在长时间内用啤酒取代饮用水。因此，从更广泛的意义上说，成本才是主要的障碍。

葡萄酒提供了一种替代选择，尽管最初未发酵的果汁并不实用。在欧洲的葡萄酒酿造过程中，葡萄果实的内部部分，即柔软的果肉，可以产生葡萄酒汁液，而果皮则含有一种抗菌物质。因此在酿酒过程中，果皮的抗菌成分有助于防止有害细菌繁殖和葡萄酒变质。

然而，作为全面解渴的方案，葡萄酒也有两个缺点。首先，通常情况下葡萄酒的酒精含量为啤酒的两三倍。即便是常年饮酒的人，如果一天只喝葡萄酒，也会在饮用 2 到 4 品脱葡萄酒后醉倒，而且会感到口干舌燥。当然，葡萄酒也可以兑水饮用，其中的抗菌成分可以起到一些清洁作用，但二者的平衡是关键。如果水的比例过多，那么这种饮品的吸引力就会大大降低。

第二个问题是生产成本，涉及土地和劳动力。为一个人口大国提供足够的葡萄酒以满足饮用需求，将需要规模庞大的葡萄园，而这将威胁到农牧业。此外，这还需要大量的劳动力投入，特别是在采摘和压榨阶段，因为这是一种劳动密集型的产业，需要很多人倾力参与，而他们本身也需要被养活。与啤酒不同，葡萄酒的生产很难机械化。啤酒和面包中的谷物都是用相同类型的机器加工的，并使用了先进的收割工具——这使得大规模生产在相对轻松的劳动投入下更加容易实现。

出于这一原因，也许还有其他原因，没有一个国家，甚至是法国或意大利，会将葡萄酒作为所有人口的主要饮品。即便是上层人士也不能单纯地喝葡萄酒。直到 19 世纪，普通人的饮品主要是水和少量葡萄酒，在法国北部和德国的一些地区，人们会喝一些梨汁和苹果汁饮品。

接下来是蒸馏饮料。谷物经过发酵，然后在水中煮沸，蒸汽冷凝后就可以获得蒸馏水。这种水是无菌的。煮沸过程中微生物会被杀死，不会进入蒸汽中。所有的蒸馏饮料，如日本的米酒、尼泊尔和中国的小米酒、苏格兰和爱尔兰的谷物酒，一般不会受到细菌和其他物质的感染。遗憾的是，如果你想每天靠这些饮品维持生命的话，便需要喝下几品脱，这样你可能会酩酊大醉。此外，蒸馏酒和加强的烈酒在生产过程中需要消耗相当多的能量，而最终产出的液体数量却相对较少。因此，这类饮品虽然在娱乐场合很受欢迎，但要想让所有人靠喝酒来满足饮品需求，是无法实现的。

最后，还有一些通过将植物部分浸泡在水中制成的饮料。这一过程往往需要将植物的相关部分浸泡在沸水或温度很高的水中，从而使得植物中的活性成分释放出来。有三种此类饮品广为流传。其中两种为巧克力和咖啡，它们由植物浆果或坚果磨碎并加水制成。如果不加糖，这两种饮品都会很苦。如今，这些饮品在富裕社会非常受欢迎，但因为大规模生产巧克力的成本很高，以及传统咖啡中的咖啡因含量也较高，所以这类饮品无法取代白水。

还有一类饮品通过叶子或花果制成。这些被称为"茶"的饮品包括真正的茶和许多其他变种，其中包括草药茶。真正的茶由茶树上生长出的叶子泡制而成，在上述各类标准中各项得分都很高。它的生产成本可以很低。这种茶树产量很高，每六周左右就能够采摘新叶，生长范围遍布华中到东非的多个气候区。只要几片叶子就可以泡出一壶好茶，而且可以反复冲泡。干茶很清淡，也容易储存。泡茶虽然容易，但其所需的精细准备工作使得很多人喜欢上了这种喝茶的仪式。饮茶非常安全，很多人都确信它有利于健康。饮茶之所以极具吸引力，是因为它能够醒脑、提神，让人振奋、专注。茶水性质温和，可以全天饮用。

因此，茶一直是潜在的世界征服者。在过去的两千年里，茶叶帝国不断扩展，已成为历史上人类最大的瘾。正如中国神话中的神农氏所言："茶愈于酒，以其不致醉，亦不使人失言于醒时而悔之。愈于水，以其不携带疾病，亦不如水之于秽腐物中含毒之性也。"[1]

第三章

翡翠绿茶

这一著名植物的进展有些类似于真理的进展：起初受到怀疑，尽管那些有勇气品尝的人觉得它非常可口；但随着它逐步扩展，人们又开始对其进行抵制；待其开始流行时，又开始遭受责骂；最终在其自身不断努力以及浩荡历史长河的见证下，它向从庙堂到村舍的整个国家宣告了其凯旋。

——艾萨克·迪斯雷利（Isaac D'Israeli）

没人确切地知道茶树何时起源于何地，甚至不清楚最初是由谁在何时何地对其进行驯化的。我们所知道的是，茶树是在喜马拉雅山脉东部丛林中进化而来。在那里，茶树的进化速度奇快，矗立于热带低地的高山造就了极为多样的温度和小气候，再加上季风云团袭击外围的喜马拉雅山脉，带来了充沛的降雨，使该地成为世界上最为多样和富饶的植物带。

茶树的一些部分似乎最早是被猴子和其他当地的哺乳动物咀嚼的。在距今 10 万 ~ 6 万年前，智人开始走入这一地区。兴许是受到猴子的启发，早期的部落成员开始咀嚼茶叶，并发现它对于舒缓身心、提神醒脑有着不错的作用。在执行像穿越丛林和攀登山腰这类艰苦任务时，咀嚼茶叶非常奏效。实际上，直到现在，人们依然也是出于这一目的而咀嚼茶叶。例如，塞蕾娜·哈迪（Serena Hardy）曾在其著作《论茶》（*The Tea Book*）中提到，在中亚地区，人们会咀嚼泡过的茶叶，这样"在食物稀缺的旅途中有助于减轻疲劳"。[2] 早期生活在森林中的原始人还发现，将茶叶涂抹在伤口上，或用一些研磨成粉末的茶叶来包扎伤口，有助于愈合。我们可以从一些报道中得知，在那加、掸邦、克钦邦和周围山区，部落成员也以这种方式将茶叶当药用。这种具有活力的药用特性给咀嚼茶叶的人类和猴子提供了竞争优势。几千年来，茶与哺乳动物之间存在着共生关系，因为后者对茶的消耗和使用实则无意地促进了茶树的广泛生长。

　　人们通常认为，茶一直以来都是通过热水冲泡而成的。然而，将茶叶置入沸水这一做法起初并非主流。当然，这也不是最初食用茶叶、向人类展示其好处的猴子和其他哺乳动物能够选择的途径。因此，最早关于消费茶的记载就显得不那么令人意外了。这些记载描述了泰国北部、缅甸、阿萨姆邦和中国西南地区的森林居民吃茶而非饮茶的情况。在缅甸、泰国北部和中国西南地区，部落居民仍使用野生茶树叶制作"用于咀嚼、蒸煮和发酵的小束茶叶"[3]。早期探险家描述了居住在这些地方的人的习俗，暗示了森林居民可能食用茶叶的多种方式。"暹罗（泰国）北部的掸族人会蒸煮野生茶树的叶子，将其塑造成球状，与盐、油、大蒜、猪油和干鱼一起食用——他们的后代至今仍保留着这种习惯。"1835年，一位作家描述了生活在缅甸边境地区的景颇人（Singphos）和坎提人（Kamttees）如何饮用野生茶叶的冲泡液，这种茶叶的制备方法是"将（叶子）切成小块，去掉茎和纤维，煮沸，然后挤压成一个球，在太阳下晾干后保存以供使用"。这些习俗在今天的缅甸茶叶沙拉中仍然延续着。"这是一种腌制的茶，长期以来，布朗（Pelungs）部落一直有着这样的制作习惯：他们通过煮沸或揉捏丛林中的茶叶，然后将其包裹在纸张中或塞入竹节里，再埋入地下储藏室中发酵数月。最后，将它们挖出来，并作为一种珍馐美味供人们在婚礼宴会等类似的节庆场合中享用。"[4]

然而，人们后来发现，茶叶可以用热水冲泡来饮用。传说最初发现这一点是因为茶叶不小心落入热水中，随后茶叶逐渐被制成饮品，饮茶的习惯也因此逐渐传播到中国各地，随后流传到中亚地区的其他地方。但是当茶叶传播到这些高海拔地区时，其消费形式又回到了半食品形态甚至是完全食品形态——比如用牦牛酥油、糖和茶叶制成糊状茶汤，或者将茶叶与其他食物一同制成球状物食用，类似于早期喜马拉雅山脉东部部落的用茶方式。

数千年前某个时期，喜马拉雅山东部的部落民族，包括中国西南地区的居民，开始将这种吸引人的茶叶贩卖给其他生活在森林覆盖的山脉边缘的人。

有关茶的传说，从中国文献中考证可以追溯到公元前 4 世纪甚至更早。中国商人在带回林产品时也带回了茶叶，意外发现其在寺庙和道观中颇有市场。几乎所有宗教人士都喜欢能够增加其成功机会的"药物"或"草药"，于是他们迅速采用了这些植物，希望能够缩短其通往精神世界之路，并巩固他们的世俗地位。

宗教人士往往喜好这种能够提高思维集中力、抵御困意，帮助其冥想的植物。以至于在某些教派中，饮茶被认为是集中思维的四大方式之一，与散步、喂鱼和打坐并列。

　　问题是，茶叶生长在森林深处的大树上。解决的办法是移植茶树，将其从一棵大树改良成一个小巧、容易采摘的灌木。这并不容易，但中国解决了这一问题。

　　关于茶叶的早期记载较为模糊，很少在文献中出现。但19世纪晚期，日本作家冈仓天心（Kakuzo Okakura）对茶叶的情况做了很好的总结。

> 　　茶树，原产于中国南部，早期为中国植物学和医学所熟知。在中国古典文献中，茶树以不同的名称如"茶""槚""茗"等多次被提及，因具备减轻疲劳、愉悦心灵、增强意志力和改善视力等功效而备受珍视。茶不仅可以内服，还可外用，以糊状形式外敷来缓解风湿疼痛。[5]

　　约公元5世纪时，茶树首次在中国西南地区被驯化，而茶叶也主要通过寺庙的园林传播开来。茶树被视为一种草药，与各种被列入权威药典的中药植物种在一起。各类茶叶变种就此被研发出来，用来治疗头部、心脏、肝脏和胃部的不同问题。

　　但这种植物很特别。与几乎其他所有草药不同的是，它不仅具备疗效，还能制成美味且提神醒脑的饮品。这种用途也适用于寺庙外的各行各业。到了公元4、5世纪，茶水已经成为长江流域人民最喜欢的饮品之一。随着这类神奇饮品越来越受欢迎，茶树开始被广泛种植，以满足世界上最大的国内市场需求。唐代时，茶开始传播到中国大多数地方。自公元8世纪第一部有关茶叶的专著——陆羽的《茶经》问世后，茶叶的受欢迎程度更上一层楼。《茶经》介绍了茶叶生产和消费每个阶段的本质，在随后的一千多年里，这本短篇著作被广大茶叶生产者和消费者奉为经典。该书以阐释"茶者，南方之嘉木也"开篇，描述了其最适宜的生长条件，以及哪些叶子适合被采摘。

> 茶之为用，味至寒，为饮最宜精行俭德之人。若热渴、凝闷、脑疼、目涩、四肢烦、百节不舒，聊四五啜，与醍醐、甘露抗衡也。[6]

当中国人无法获取茶树树叶时，他们也会冲泡其他树叶。

> 在中国中西部山区，农民很少能品尝到真正的茶水，通常使用其他树叶替代茶叶。在湖北西部，一些野生梨树和苹果树的叶子被当作茶叶，并出口到沙市以供销售。用这些叶子泡出的茶水呈深褐色，味道可口且非常解渴。人们将其称为"红茶"，在西部贫困阶层中广泛饮用。[7]

如果什么茶叶也没有的话，人们就会通过喝热水来模仿喝茶，这就是他们所谓的"白茶"。

人们种植了各类茶叶，并进行长途贸易。一些特定的茶叶品种，尤其是那些带有苦味的品种，尤其受人们青睐，被视为药物而备受珍视。

> 在四川以及这个帝国其他地方的所有大型药铺里，

> 有一种被称为"普洱茶"的产品……这种茶叶产自掸
> 邦……味道苦涩，在中国各地以药物而著名，被认为是
> 一种有助于改善消化和神经功能的良药。[8]

在文人墨客常常规劝友人饮茶的唐代，人们迫切地想要找到一种安全又好喝的饮品来替代白水。大约在公元 8 世纪，中国人口重心开始向南方移动。人们迁徙到富饶的中部长江流域地区定居和繁衍，种植了新改良的神奇作物——水稻。此前，人们在北方种植大麦和小米来制造饮品，至少可以将其做成米酒，因人口不多倒也能供应。但如今，人口迅速增长，城市规模逐渐扩大。因空间有限，所有可用土地都需要用于水稻种植。

茶也刺激了中国瓷器的生产，茶叶生产和饮用方式的变化可以在中国瓷器兴盛的时代反映出来。冈仓天心在其著作中讨论了用于制作茶杯的不同瓷器的相对优点。

> 众所周知，天青瓷器起源于人们对天然玉石精致色彩的复刻，这种尝试在唐代催生了南方的青釉和北方的白釉。陆羽认为青色是茶杯的理想颜色，因为它能使得茶水更具绿意，而白色则使其看起来略带粉色，并不好看。这是因为当时他使用了圆饼状茶。后来，宋代的茶艺大师们开始使用粉末状茶，且更偏好青黑色和深褐色的重瓷碗。明朝人则喜欢用轻巧的白瓷来泡茶。[9]

冈仓天心认为，广义而言茶文化的发展与中国文明的变迁息

息相关。

> 就像人们对葡萄酒年份和质量喜好的差异能够标志
> 欧洲不同时期和不同国家的癖好一般，茶文化也反映出
> 东方文化的各类情感和情调。被煮沸的饼茶，被搅拌的
> 末茶，被冲泡的叶茶，标志着中国唐、宋和明三个朝代
> 截然不同的情感取向。如果我们采取常被滥用的艺术分
> 类术语对其加以界定的话，可以分别称之为茶道的经典
> 派、浪漫派和自然主义派。[10]

> 茶也越来越被人们视为一种功效强大的药物。例如，
> 李时珍于1578年出版了一本包含早期资料的中草药书①，
> 其中就提到茶叶可以"促消化、解油腻、中和消化内毒，
> 治痢疾、祛肺疾、退烧、疗癫痫。茶叶更为清润溃疡、
> 宜洗目及漱口之有效止血剂，人宜奉之"。[11]

随着庞大的中国市场生产出愈发多的茶叶，茶产业开始向外
扩展。最值得关注的是，它引起了中亚游牧民族的关注。

这些游牧民族居住在严寒地区，刺骨的寒风和寒冷的冬天给
人们造成了巨大的压力。几个世纪以来，他们都一直饮用白水和
牛奶。后来，他们发现了这些奇怪的叶子，并且中国人愿意用其
交换牧区产品。当他们将这些叶子与牛奶和酥油混合再一并饮下

---

① 指《本草纲目》。——编者注

时，他们感到身体被赋予了新鲜的活力，很好地帮助了他们免受高原地区严寒气候的侵害。

此后，茶叶的大规模贸易开始沿着丝绸之路和许多其他路线蓬勃发展，纵横交错，从中国西南地区一直延伸到西伯利亚，从中国一直延伸到中东的伊斯兰文明地区。因地形崎岖，大部分商品都由专人背负运送到高山地区。到了约 12 世纪，砖茶开始变得非常普遍，以至于它们成了中亚许多地区的首选通货。茶叶货币非常适合执行货币的核心功能，能够作为衡量标准、交换媒介和财富储存的重要手段。茶叶轻巧，可以制成统一的砖块，且本身极具价值。相较于银币和纸币，它的一个巨大优势就是——如果情况迫切，人们可以直接食用或饮用。和丝绸一样，茶叶成为草原骑兵想从中国获取的少数有价值商品之一。

除了相较于其他货币的上述优势，威廉·H. 尤克斯（William H. Ukers）还提出了茶叶的另一大优势。

在中国，茶叶货币几乎与茶本身一样古老。在西方文明出现之前，中国人就已经有了纸币，但在和以游牧民为主的深处内陆的部落进行商业交易时，纸币几乎毫无用处。各式各样具有神秘价值的硬币同样无用。但茶叶经压缩后形成的"货币"，可以作为消费品使用，也可作为通货换物。真正的货币往往距离发行地越远，其价值就越低，但茶叶完全不同。茶制成的货币会随着距离中国茶园越远而增值。最早充当货币的茶是由牛车压制成的粗糙茶饼，后来就被机器加工的砖茶所取代。[12]

直到今天，砖茶仍然在中亚一些较为偏远的地区充当货币。

大量文献记载了内陆高海拔地区制备茶的方式，从中我们既能了解到茶的重要性，也能看出茶与其他食物的结合使用情况。20世纪30年代，尤克斯写道，"蒙古人和其他鞑靼部落使用砖茶粉制汤。他们将其与碱性的草原水、盐和油脂一同煮沸。随后，他们再将过滤后的汤与牛奶、酥油和烤好的食物搭配在一起食用"。有时候，茶叶还会和米饭、姜一起混合食用。这位作者评论说，"煮沸并搅拌后的酥油茶一直是藏民的常用饮品。很多藏民每天都会喝上15到20杯酥油茶。"[13]

早在19世纪初，前往西藏旅行的威廉·穆尔克罗夫特（William Moorcroft）对此进行了更详细的描述。他说："早餐时，人们通常喝五到十杯茶，每杯容量约为三分之一品脱；当最后一杯茶喝到一半时，人们会在其中加入足够多的大麦粉，搅成糊状……午餐时分，条件好的人会再次喝茶，搭配小麦饼一起享用，同时还有由小麦粉、面粉、酥油和糖制成的热糊。"[14]

劳伦斯·瓦德尔（Laurence Waddell）上校在其著作《拉萨及其奥秘》（*Lhasa and its Mysteries*）中也对这种饮品的重要性进行了阐述。描述藏民时，他写道："他们整天都会喝着一杯杯加了酥油的热茶，其实它更像是汤或炖菜……毫无疑问，这种东西对于健康非常有益，因为它不仅是天气寒冷时用来取暖的热饮，还能让人们在水资源受到严重污染的国度避免饮用生水引发危险。"[15]

茶在营养供给方面也非常重要，尤其对该地区的制茶和饮茶方式而言。茶叶中含有维生素、镁、钾和其他营养成分，但如果冲泡次数过多，这些养分就会大大减少。此外，如果将茶叶和凝乳、蔬菜混合在一起，可以大大提升蔬菜的营养价值，有助于人体对维生素 C 的吸收。实际上，此类饮茶方式可以在一定程度上缓和干旱地区绿色蔬菜匮乏的情况。

美国历史学家卫三畏（S. Wells Williams）对茶叶中的另一种成分做了如下评价：

> 和其他食用植物一样，茶叶中另一种值得注意的成分是谷蛋白（gluten）。这种成分占据了茶叶重量的四分之一。但为了从适当的烹饪方法中获取茶叶可能带来的最大好处，我们必须想出一种合适的食用茶叶的方法。麦筋蛋白的营养特性很好地解释了整个亚洲高原普遍使用砖茶的原因。古伯察（Huc，一位游历过中国的伟大旅行家）说，他喝砖茶主要是因为没有更好的选择，他压根喝不惯这种茶，但他的赶驼人通常一天能喝上 20 到 40 杯。[16]

最后，据说茶在特殊情况下，尤其是严寒气候中，可以起到特殊的保护作用。因纽特人在茶引入后成了狂热的饮茶爱好者。而对游牧民而言，无论他们穿着多厚的羊毛衣服，饮用茶和黄油混合的饮品都能让他们觉得更加暖和。

到了 15 世纪，饮茶活动已经对世界大部分人造成了深刻的影响。从缅甸到西伯利亚，从中国东部的海岸到俄罗斯东部，林林总总大片区域里的人们都在饮茶。然而，茶对日本文化和经济的影响最为深远。

茶大约在公元 593 年被引入日本。茶叶的进口和茶植物的种植在 8～9 世纪不断增长，这一时期也正是中国对日本影响最大的时期之一。和在中国一样，茶树进入日本后也是在寺庙中作为草药来培养，用来治疗疾病，并帮助僧侣在冥想时集中注意力。然而，这一时期，茶的使用和影响都仅限于宫廷和僧侣圈子，并没有像在中国一般成为大众饮品。

12 世纪末，一些改革派开始兴起，僧侣们开始进行极为艰苦的禅修。1191 年，荣西（Eisai）禅师从中国返回日本，将绿色茶粉带了回去。荣西禅师提供了关于如何种植、采摘、制备和饮茶的详细建议，以最大程度发挥其优点。荣西禅师还教导日本人如何按照中国人的方式备茶：清晨在露水降临前采摘茶叶，置于纸上用小火烘烤，确保不要烤焦，再将烘干后的茶叶存放在有竹叶塞子的壶中。茶很快就被纳入了复杂的茶道仪式中，影响了日本文化生活的方方面面。[17]

荣西禅师著有两卷《吃茶养生记》（*Kissa-yojo-ki*），也称为《论茶的疗效》（*Notes on the curative effects of tea*），书中有力论证了茶对许多疾病的治疗效果。"茶也，养生之仙药也，延龄之妙术也。山谷生之，其地神灵也。古今奇特仙药也，不可不摘乎。"他认为，"此五脏受味不同，好味多入……其辛酸甘咸之四味恒有而食之，苦味恒无，故不食之。"[①] 荣西禅师还写道，"我国多有病瘦人，是不吃茶之所致也。日本国不食苦味乎，但大国

---

① 此处译文出自荣西等：《吃茶养生记：日本古茶书三种》，王建注译，贵州人民出版社，2003 年版，第 1、4 页。——译者注

（中国）独吃茶，故心脏无病，亦长命也"。[18]

　　荣西认为"饮茶是延年益寿的秘术"。除了心脏，它还能促进身体中许多其他部位的康健。"人们相信茶能够驱散睡意，对肝病、皮肤病、风湿和脚气也有效"，他强烈推荐茶作为"治疗五种疾病的方法：食欲不振、饮用水疾病、瘫痪、疖子和脚气"。他还补充道，茶是"治疗一切疾病的良方"。荣西将自己的书寄给当时日本军事统治者源实朝（Sanetomo），间接帮助其治愈了因食物中毒而引发的严重胃病。自此，荣西关于茶叶的理念得到了广泛推崇。自康复后，源实朝成为一名茶叶爱好者，并帮助传播了日本饮茶风俗。

　　日本对茶的崇拜就此开始。茶成为帮助世界上许多地区的萨满教巫师进入神灵世界或与神灵交流所用的致幻药。它成为新宗派中离群、克己和达到虚无的神秘中心。要发挥其最大效应，释放出最大量的咖啡因和其他镇静剂和兴奋剂，茶必须以最纯净和最有力的方式来制备。因此，茶叶需被研磨成粉末，并尽可能新鲜地使用。茶水的制备和饮用方式之所以近乎神圣，是为了强调并鼓励人们对其神秘力量的信仰。因此，整个复杂的茶道仪式逐渐形成。如后世所云："茶禅一味。"[19]

　　到室町时期（1336 年以后）时，日本各阶层的人都饮茶。[20]茶馆和茶摊开始出现在日本的街道两旁。茶树容易种植，因为人们可以对其进行修剪以保持小巧、高产（因为茶树整个表面都可以长出叶子），而且茶树除了在日本极北地区，在其他大部分地区都生长得很好。在很多方面，日本都和茶首次进化的喜马拉雅山脉地区十分相似，一样的温暖、潮湿、多山，因此茶树很快就在此广泛种植。故而，13 ~ 16 世纪，这类灌木植物开始在一个新的帝国里扎根生长。

每个家庭只要有一片空地，就可以种植一两棵茶树以满足自己的需求，而这些茶树还可以做成外形美观、可供使用的篱笆。鉴于只需一两片茶叶便可泡出一杯提神保健的茶水，而且茶叶还可以多次冲泡，饮茶很快就成为日本人生活中既经济实惠又不缺情趣的一部分。

其中一个最大的困惑便是茶是如何传播得如此迅速，并征服了拥有不同文化的诸多国家。其中一个重要的因素要归因于茶的供应方式。大多数饮品都是提前制备好，放在某地储存，以待日后拿出来饮用。换句话说，人们喝的时候只需从罐子、瓶子或者桶里将其倒出来便可。这个过程非常简单，只需要一两秒就能完成。然而，这种饮品制备和招待方式很少能给人们留下社交互动的机会，其中很难夹杂着任何情趣或社交礼仪。人们往往渴望创造仪式感，比如通过"递酒"、起瓶塞等仪式来延长整个过程。茶水的准备过程正需要这一系列步骤。

日本著名的茶道仪式展示了有史以来消费任何食物或饮品最为极端的仪式化。美国学者爱德华·莫尔斯（Edward Morse）在 19 世纪 70 年代访问日本时目睹了传统日本茶道仪式，他随后写道："简而言之，茶道聚会就是主人邀请四个人来参加茶道仪式，并在他们面前按照特定的规制制茶，然后将其供应给客人。"除此以外，莫尔斯还描述了仪式上非常重要的用具。

备茶从将其研磨成细腻、几乎不可感触的粉末开始……这种每次聚会前现磨的材料通常保存在一个小小的陶罐里，上面有象牙盖子，也就是收藏家们所熟知的茶叶罐（cha-ire）；有时也可以用漆盒来存放。仪式中使用的主要器具包括一个陶制火盆（又称风炉），或者利用预先设计的地板的一个凹坑，在里面填满灰烬，放置木炭；一个用来烧水的铁壶；一个用来舀水的精致竹勺；一个用于为壶内加水的大口罐子；一个用来泡茶的碗；一个用来舀茶粉的竹勺；一个竹制的搅拌器（类似于打蛋器，在加入热水后用来迅速搅拌茶水）；一个正方形丝巾，用来擦拭罐子和勺子；一个放置茶壶盖的托座，通常由陶器、青铜或竹子制成；一个用来容纳冲洗茶碗后排水的浅盘；一把由三根鹰羽毛或其他大型鸟类羽毛制成的刷子，用于拂拭火盆边缘；最后一个是浅筐，里面不仅有用来续加的木炭，还有一堆用来处理煤炭的金属棒，两个用来将壶从火上取下的半圆金属环，一个用来放置茶壶的圆形垫子，以及一个里面装有香料或燃烧时能释放出独特香气的木屑的小盒子。

连接这些用具与敬茶和饮茶行为的，是一系列复杂的仪式性动作，可能需要几个小时才能完成。仅仅备茶的时间就大概需要一个小时以上。"除了火盆和铁壶，所有这些器具都需由主人以极为正式的方式按顺序带入，并根据某些学派的规定将其准确摆放在垫子上。在沏茶过程中，器具的使用都要遵循非常严谨的流程。"

一想到这仅仅是主人给客人准备一杯茶，就难免觉得这一切过于复杂和正式，简直是非同寻常的行为艺术。"如果在对茶道仪式不了解的情况下观看沏茶仪式，会觉得这是一场极尽奇葩的表演。与之相关的诸多形式都看似毫无用处且特别荒谬……"然而，如果你进一步了解它，就会发现这个复杂的仪式也并非难以理解，而且富有深刻的意义。爱德华·莫尔斯接着写道：

> 经过多次学习茶道课后，我发现除了极少数个例，茶道仪式整个流程其实通俗易懂。聚集在一起的宾客起初乍看有些拘谨，但不久后便会感到轻松自在。正如我所言，正确摆放各类器具、按序备茶和沏茶都是轻松自然的动作。轻轻擦拭茶罐，清洗茶碗时多次晃动并擦拭碗边，冲洗时用搅拌器敲击碗边发出响声，以及其他一些动作确实让人觉得正式得有些荒诞。但我怀疑，当日本人第一次参加正式晚宴，看到这一系列器具使用规矩时，是否同样会对此感到奇怪和难以理解。[21]

茶之所以特别，是因为它的制备过程虽然简单却拥有特殊的奉茶精神。17世纪初日本茶道大师千利休（Sen Rikyu）就对此做了很好的总结。整个茶道艺术包括拾柴、烧水、泡茶和端茶。相关用具的操作都不难，但需要细心、专注和技巧。这也给人们的创造力提供了空间，使众人可以在备茶过程中给别人留下深刻印象。同时，这个过程也会因烧水和沏茶的流程拉长战线。种种此类都使得沏茶成为一种可以精心筹备、被赋予艺术色彩的活动。

饮茶的深层含义可以从千利休题写在大阪寺庙房间墙壁上的饮茶七律中窥见。

客人来到外厅等候，志趣相投的人们在那里聚齐。一声木锣响过，表示主人要出来迎客了。

就洗手而言，茶道之路讲究的是心灵的净化。

主人必须恭敬地接待客人并将他们带入茶室。如果主人缺乏镇定和想象力，如果茶具和餐具品位不高，如果茶园中树木和岩石的自然布局和规划令人不喜，客人最好直接拂袖而去。

当宛如松间微风和锣鼓的声音响起时，水便烧开了。此时，客人们第二次进入茶室。未能及时听到水开声和处理不好炉火都不可原谅。

不论在茶室内外，都不要谈论世俗的话题，这是自古以来的规矩。

在正式聚会中，不管是客人还是主人，都不可言辞华丽或矫揉造作。

聚会一般不会超过 4 个小时。不过，即使超出了这个时间，也无伤大雅。[22]

冈仓天心的《茶之书》（The Book of Tea）对茶的哲学进展和其影响做出了独树一帜的描述。

茶起初是一种药物，后来才发展成饮品。在公元 8

世纪的中国，饮茶进入诗歌领域，成为风雅之事。15 世纪，日本将其塑造成一种追求唯美主义的宗教——茶道。茶道是一种信仰，崇尚在日常生活的庸俗中追求美好。茶向人们灌输纯洁与和谐的思想、互惠互爱的理念、社会稳定的浪漫主义思想。它本质上是对"不完美"的崇尚，就似对我们生活中看似不可能之事进行温柔尝试，实现不可能中的可能。

他还解释了茶、宗教和文化如何交织在一起。

茶哲学并不仅仅是通常意义上的唯美主义，因为它结合伦理和宗教一起表达了我们关于人与自然的整体观点。它强调卫生，因为它主张洁净；它厉行节俭，因为它展示的是在简朴中而非奢华中寻求舒适；它遵从道德几何，因为它定义了我们和宇宙的关系。它代表了东方民主的真正精神，使所有信奉者都成为品位上的贵族。

冈仓天心提出，日本人延续了早期中国文明的传统，而这一传统在蒙古人入主中原地区时被切断了。

对我们而言，饮茶已不仅是一种理想的饮水方式，还是一种关于生活艺术的宗教。这种饮品逐渐成为一种崇尚纯洁和精致的理由，成为一种神圣的社交仪式。在饮茶过程中，主人和客人能共同创造出日常生活中最极

致的快乐。茶室就如同荒芜中的一片绿洲，旅行者在此
相聚，共同品尝艺术的清泉。茶道仪式是一场即兴的戏
剧，情节围绕着品茶、插花和挂画而交织。没有任何颜
色能干扰房间的色调，没有任何声音能破坏事物的韵律，
没有任何手势能打破这里的和谐，没有任何语言能破坏
环境的统一。所有的动作都应简单而自然地执行——这
便是茶道仪式的目的。奇怪的是，这些目的常常都能被
实现。

茶道仪式的吸引力很大程度上在于它立足于宗教情感，以一
种适合于宗教的形式存在。后来，宗教元素似乎消失殆尽，仅剩
下仪式本身。

很多茶道大师都信奉禅宗，试图将禅宗的理念引入
现实生活。正统的茶室大小一般为四个半草垫大小。同
时，茶道仪式中从待庭通向茶室的花园小径（roji），象
征着通向自我启示的过程。花园小径的寓意是断开与外
部世界的联系，营造一种新鲜感，有利于在茶室内充分
享受审美的乐趣……人身处城市之中，却感觉自己仿佛
置身于远离文明喧嚣的森林里。

然而，茶的影响不仅仅局限于宗教和高雅文化，它渗透到了
日本文化的方方面面，正如冈仓天心所解释的那样：

　　尽管茶道大师在艺术领域影响巨大，但与他们对生活方式产生的影响相比，前者几乎可以忽略不计。我们不仅可以在注重礼仪的社交场合中感受到他们的存在，还能在普通的家常细节中受到他们的影响。许多精美的菜肴以及用餐方式都由他们发明。他们教导我们衣着朴素，教导我们要用正确的心态来欣赏花卉。他们强调我们天性热爱简洁，并向我们展示了谦逊之美。实际上，通过他们的教导，茶已经进入了人们的生活。[23]

　　爱德华·莫尔斯也提出了类似的观点。他借鉴了自己清教徒式的新英格兰背景，得出这般结论："确实，它对日本人的影响几乎等同于加尔文主义对早期清教徒的影响了。它抑制了人们对艺术的狂热，使得他们对矫饰的冲动化为平静和纯粹；但是就清教徒而言……他们将对艺术的热爱扼杀在了摇篮中……"[24]

　　茶馆是一个能暂时隐去阶级和种姓壁垒的地方。它是一处中性的、空旷的空间，是一个你可以用动作和手势进行交流的场所。茶馆既是非常亲密的私人空间，又是可供非家庭成员甚至陌生人安心融入的公共空间。茶馆是一处外部世界（对内部和家庭区域而言），但它仍然安全且中立，可以容许通常只会在家中进行的深层次亲密交流。

　　据说"日本没有宗教"。日本是一个审美和礼仪在很大程度上取代了宗教的社会。"饮茶仪式"是一个纯粹的世俗场合，没有神或祭祀，但具备一种几乎神圣的氛围。其程序严格正式，需要焚烧香火、献上形式上的祭品（茶），还有一种供桌（壁龛），其中包含着一种"宗教"文字。

因此，禅宗的苦修精神通过茶道传播到了整个日本社会和文化中。更为有趣的是，许多类似的影响也在另一个岛国——英国——被发现。茶早已不仅仅是一种愉悦身心的饮品。就如其在日本一般，茶成了一种"道"，几乎成为一种"生活之道"。虽然它不是一种严格意义上的宗教，但它已然成为一种情怀，一种将游戏、信仰和消遣融为一体的奇特存在。

第四章

茶至西方

（杰西太太）倒了杯茶。油灯在茶盘上投下温暖的光线。茶壶是瓷制的，上面画满了小玫瑰……还有甜饼……索菲·希基（Sophy Sheeky）看着从壶嘴中倾泻而出的琥珀色液体，冒着热气，散发着芳香。这也是一个奇迹：黄皮肤的中国人和铜色皮肤的印度人竟然能采摘到茶叶，这些叶子被采摘下来后用铅木包裹，乘坐白翅船安全地远渡重洋。茶叶在烈日和寒风中顶着风暴，继续航行，最终来到这里。茶水从精细黏土制成的骨瓷壶中倒出来。骨瓷茶壶制作精巧，在窑中烧制而成……

——A. S. 拜厄特（A. S. Byatt），

《天使与昆虫》（*Angels and Insects*）

欧洲关于茶的首次记载出现在 1559 年。[25]1678 年，荷兰人威廉·特·瑞恩（William Ten Rhijne）描述并向西方引入了首批茶树标本。在抵达长崎仅仅几个月后，他将有关茶树的文章、一株樟树的树枝、一些嫩枝、树叶和花朵寄回给欧洲的朋友。[26] 恩格尔伯特·肯普弗（Engelbert Kaempfer）是一位德国医生、植物学家和博学家，他在 17 世纪曾受聘于荷兰东印度公司，并在日本居住过。在向西方传播茶文化方面，他是最具影响力的代表人物之一。在他撰写的日本文明史中，他详细描述了日本的历史、政治、工艺、政府和经济。在作品卷末，他还列出了多个重要主题的详细附录，其中就有茶。同样，很多到访并介绍过中国的传教士、外交官和其他人也描述了这种神奇的中国植物，认为其似乎能治愈许多疾病。

据资料显示，茶于 1610 年首次抵达阿姆斯特丹，于 17 世纪 30 年代到达法国，约在 1657 年来到英国。当时，茶被"泡好后存放在木桶中，然后根据顾客的需求将其倒出并加热"。这一时期，茶里可能还没有添加牛奶。实际上，就像很多欧洲新技术一样，茶起初也是先融入已有的技术中，被视为加热的啤酒，依旧通过木桶向顾客供应。

17 世纪 60 年代，茶被广告宣传为"是一种被所有医生认可的优质中国饮品；中国人称之为茶，其他国家称之为 Tay 或 Tee"，并由皇家交易所附近的"苏尔坦之头"（Sultans Head）出售。[27] 托马斯·加韦（Thomas Garway）首次概述了茶的功效及饮茶的优点，在其 1657 年张贴的传单中呈现，为自己的咖啡店首次公开销售茶叶做宣传。1686 年，英国国会议员 T. 波维（T. Povey）将有关茶医学益处的内容翻译成英文，介绍到欧洲，这些内容和之前加韦所言类似。[28]

　　1. 净化血液。

　　2. 治疗多梦。

　　3. 缓解头晕和头痛。

　　4. 预防水肿。

5. 祛除身体湿气。

6. 改善视力。

7. 去肝火。

8. 缓解眩晕，使人灵活、勇敢。

9. 稳定心绪，消除恐惧。

10. 强健内脏，预防痨病。

11. 增强记忆力。

12. 坚定意志，增进理解力。

随着茶开始传入欧洲，关于饮茶益处和风险之间的争论也随之增加。在荷兰，约翰内斯·范·海尔蒙特（Johannes van Helmont）等医生推荐将茶作为一种补充体液流失的药物。尼古拉斯·迪克斯（Nikolas Dirx）医生以"尼古拉斯·图尔普"（Nikolas Tulp）的化名在他的《医药观察》（*Observationes Medicae*）中对茶高度赞美，并广为流传。

> 没有一种植物可以与茶媲美。人们饮茶是因为它可以帮助人们远离疾病、延年益寿。茶不仅能让人们精力充沛，还能防治结石、头痛、感冒、结膜炎、鼻炎、哮喘、胃部蠕动乏力和肠道疾病。除此以外，它还能抵消睡意，让人保持清醒，这对希望在夜间写作或思考的人而言非常有帮助。[29]

1679 年，荷兰医生科内利斯·邦特科伊（Cornelis Bontekoe，又名科内利斯·德克尔，Cornelis Dekker）发表了一部关于茶、咖啡和巧克力益处的著作，讨论了茶传播最广的疗效。邦特科伊极力推崇武夷茶中的绿茶，以至于在书中他建议患者连续饮用50、60甚至100杯茶，他本人就曾在某天上午完成此等壮举。他曾因结石而饱受折磨，并坚信自己能够痊愈都归功于大量饮用这种茶。他坚决反驳那些说饮茶会引发抽搐和癫痫的人。相反，他认为饮茶能够起到治疗效果。邦特科伊还建议在疟疾发作前可以喝两杯浓茶，在发作后再大量饮用。[30]

　　许多英国医生也研究的茶的特性。托马斯·特洛特（Thomas Trotter）在其著作《关于神经质的看法》（*View of the Nervous Temperament*）中提到，茶和咖啡、烟草等商品一样，"都曾被用作药物，但如今却成了生活中的必需品"。[31] 托马斯·肖特（Thomas Short）在他 1730 年的《茶论》（*Dissertation upon Tea*）中介绍了各种实验，表明当茶进入血液后，会分离出"血清"。此外，茶还有助于保鲜肉类，防止其腐烂。他列举了茶可以治疗的疾病，包括"头部疾病"、"血液浓稠"、眼部疾病、溃疡、痛风、结石、肠梗阻等。[32] 1772 年，莱特索姆（Lettsom）医生以类似的方式撰写了《茶树的自然历史以及茶的医疗特性观察》（*Natural History of the Tea-Tree, with Observations on the Medical Qualities of Tea*）。他同样通过实验表明，牛肉浸泡在绿茶中 72 小时后才会腐烂，而浸泡在普通水中 48 小时内就会腐烂。通过这一系列实验，他得出结论："从这些实验中可以看出，无论是绿茶还是武夷岩茶都具有防腐（实验 1）和收敛（实验 2）性质，适用于死去的动物纤维。"在实验 3 中，他将实验 1 中使用的茶水和普通水注入死青蛙的腹部，结果显示，注射茶水的死蛙没有变化，但注射普通水的死蛙腿部僵硬，失去了弯曲能力。[33]

起初，茶在英国传播很慢，主要是因为其价格昂贵。当时茶还是一种奢侈品。如人们所知，著名的皮普斯太太（Mrs Pepys）也饮茶，她的丈夫萨缪尔·皮普斯（Samuel Pepys）在1660年9月25日的日记中就做了陈述。她饮茶的部分原因是将其用作药物，因为人们认为喝茶对其咳嗽有益。茶首次进入伦敦市场时，"每磅（1磅=0.454千克）价格高达3英镑10先令"。9～10年后，咖啡馆开始出售茶叶，因此"每磅价格降到了约2英镑"。然而，在整个17世纪和18世纪早期，茶仍然是一种奢侈饮品。

茶叶进口量激增和价格的骤跌发生在18世纪30年代以后。当时快速帆船开往中国，开始进行直接贸易。到18世纪末，赴中国的马戛尔尼（Macartney）勋爵使团秘书乔治·斯唐顿（George Staunton）爵士估计，"英国各阶层、各年龄和性别的个体一年内人均茶叶消费量达1磅以上"。[34]其他人的估算数字可能更高。有人提出，当时的人均茶叶消费量已经超过了2磅。"18世纪末，茶叶进口量已超过2000万磅。"不过，这仅仅是官方数字。"据估计，1766年走私进入英国的茶叶数量与通过正规渠道进口的茶叶数量相当。"[35]1磅茶叶可以冲泡200到300杯茶。这就意味着成年人平均每天至少喝2杯茶。这些时间线表明，自18世纪30年代开始，茶叶的消费量出现了惊人的增长，饮茶活动已经传播到大众中。

当代评述表明，饮茶习惯已迅速传播，遍及英国各地。一份1734年典型中产家庭的标准食谱显示，当时每人每周约花费5.25

便士购买面包，花费 7 便士购买茶叶和糖。[36] 类似地，在 1749 年商人家庭的标准预算中，每周约花费 3 先令为全家购买面包，花费 4 先令购买茶叶和糖。[37] 由此可见，至少对中产阶级而言，茶叶和糖很早就成了生活中的必需品。

在 18 世纪中期，苏格兰哲学家凯姆斯（Kames）勋爵观察到，即便是最为贫困、接受慈善资助的人每天也会喝两次茶。[38] 反对饮茶的言论也表明了当时饮茶活动的传播范围之广。1744 年，法官兼作家邓肯·福布斯（Duncan Forbes）写道，"与东印度开展贸易……使茶叶的价格……降低到了一定程度，以至于最普通的劳动者也能够购买……"[39]

1751 年，查尔斯·迪林（Charles Deering）在一本关于诺丁汉郡的书中写道：

> 这里的人们可不缺茶、咖啡和巧克力，尤其是茶，已经普及到了如此程度，不仅是绅士和富商经常饮用茶，就连所有缝纫工、剪裁工和织布工都会饮茶，并且每天早晨都会享用茶水……甚至连普通的洗衣妇都认为，如果一顿早餐中没有茶和涂满热黄油的白面包，就算不上一顿正式的早餐……[40]

农学作家阿瑟·扬（Arthur Young）对于越来越多的人将茶当成食物这一现象感到不安，他说："男人几乎和女人一样越来越将茶水当作日常饮食中的一部分，工人们来回往茶桌那里跑，浪费了太多时间，甚至连农场的仆人都要求早餐时喝茶！"[41]

1784 年，罗谢福考尔（Rochefoucauld）写道："在整个英格兰，喝茶都十分普遍。人们每天喝两次茶，尽管花费很高，但即便是卑微的农民也会和富人一样每天喝两次茶；茶的总消费是巨大的。"他随后更为细致地观察到，"据估计，每年每个人，不论男女，平均要消费 4 磅茶叶。这着实是一笔很大的数字"。[42]

到 18 世纪末，研究贫困问题的作家弗雷德里克·伊登（Frederick Eden）爵士写道："任何人只要愿意在吃饭的时候去米德尔塞克斯和萨里的小屋一看，就会发现在贫困家庭中，茶不仅是早晚的寻常饮品，而且通常在午餐时也会大量饮用。"[43] 1809 年，瑞典游客埃里克·古斯塔夫·盖杰尔（Erik Gustav Geijer）描述道，"在白水之后，茶水便是英国人的标志性饮品。各个阶层都喝茶。如果一个人清晨走在伦敦街头，就可以看到许多地方都设有小桌子，摆在户外，运煤工人和工匠则围着这些小桌子喝着美味的茶水"。[44]

自 17 世纪后期开始，茶的供需都在迅速增长。在需求方面，尤其是荷兰和英国，可支配的收入经历了数个世纪的增长，人们可以负担得起生活中的一些小奢侈品——优质的肉食、优质的面包、啤酒、壁炉中的煤或泥煤、保暖的衣物、皮鞋和精致的房屋。这一势头一直在持续，以至于到了 17 世纪后期，在西北欧许多地区，人们对殖民扩张带来的新产品的实际需求相当大。烟草、咖啡、巧克力、丝绸、香料等产品需求旺盛，茶叶也日益受到欢迎，需求不断增长。

然而，在欧洲内部，茶叶的需求却出现了奇怪的不均衡现象。饮茶的普及仅仅出现在荷兰[45] 和英国，而法国、德国、西班牙和意大利都没有重视茶叶。这是故事中最奇怪且尚未被解释清楚的部分之一。为什么茶一开始主要流行于英国人之间？荷兰人确实也喝茶，尤其是女性，而男性更爱喝啤酒，并一直保持着这种爱好。与此同时，他们还将茶叶出口到英国。为什么茶在法国或德国没有风行起来？有人猜测，英国鼓励饮茶是基于一定的特殊条件的——对白水的厌恶、麦芽税导致啤酒价格上升、以海运为基础的贸易体系，这些都导致了不同的结果。如果再考虑到英国中产阶级的相对富裕，足以承担这种新型饮品，以及英国人习惯喝热饮（如加热的麦酒、牛奶甜酒、热甜酒和潘趣酒），加上垄断茶叶进口的东印度公司对茶的大力推广，我们便会觉得饮茶在英国普及得如此成功不难理解了。[46] 历史一再表明，差距总是始于微小的差异。因此，法国人和德国人将咖啡作为奢侈品来饮用。荷兰人和英国人之所以对茶感兴趣，是因为他们在亚洲东部地区有利益存在，那里有茶叶种植。而法国人、德国人、意大利人和葡萄牙人，即便有贸易往来，也主要集中在非洲、印度的部分地区和南美。这些都是重要的因素。

如果换一个角度来考虑这个问题，结果同样令人困惑。从1660年开始之后的半个世纪里，咖啡的普及速度比茶快，咖啡馆的数量也因此不断增加。随后，咖啡热潮开始消退，茶开始在英国成为主流。为什么会这样？原因可能有很多。茶在饮用时更容易调制，不需要烘烤和研磨。茶通过海运而来，这比从中东经由陆地的咖啡运输路线（咖啡来自中南欧）更为可靠（至少对英国而言是如此）。茶的使用更加经济高效。它可以在冲泡后再次使用，而且相对便宜，部分原因是茶树产量丰富。茶的生产与东方贸易联系紧密，因此，正如我们先前所述，实力强劲的东印度公司一直在对其大力推广。政治和资本都站在了茶这一边，茶的价格随之下降，政府支持将它作为重要的税收来源。广告和营销也推动了茶的销售，尽管在 19 世纪可可饮品同样被广泛宣传。

政治也是重要因素。早期的茶叶进口中有很大一部分被转而出口到美国。似乎美国人和英国人一样，都会喜欢上喝茶。在许多方面，情况的确如此。19 世纪，虽然美国人口相对较少，但仍有大量茶叶进口到美国。然而，在波士顿港口发生数百箱茶叶被倾倒入海的事件（即著名的"波士顿倾茶事件"）后，茶便成了英国傲慢和不经北美代表参与表决就对北美征税的象征。因此，尽管美国人私下广泛喝茶，但在公开场合都以咖啡爱好者自居，与英国的饮茶热潮对立。

影响这一切平衡的另一个因素是茶叶的供应。在 17 世纪末期和 18 世纪初，海运的安全性实现了突破，因此远距离航运的利润随之增加。此外，改善的地图、修建的船舶、防御海盗的大炮、用于确定纬度的六分仪，以及后来用于确定经度的航海经线仪，这一系列因素为货船经过好望角开辟了一条海上航线。与此同时，新的商业组织形式，如股份有限公司，以及越来越高效的借贷机构，如英格兰银行或荷兰大型银行，都使得组织和资助远程贸易活动变得更加容易。荷兰和英国的大型贸易公司开始寻找有利可图的业务，充分利用其能力加以投资。

这意味着，从中国直接运往欧洲的第一批茶叶在 18 世纪 20 年代开始抵达。茶叶质量轻，便于携带，易于储存和长途运输，并且销量良好。因此，茶叶变得越来越有价值，成为新型宝贵商品，与瓷器和丝绸一同涌入欧洲。有一段时间，欧洲国家会用来自南美和中欧矿山的白银购买茶叶。

我们还可以从价格和数量的角度看到其影响力。尽管英国政府试图通过消费税赚取利润，但相对于酿酒的必需品麦芽来说，对茶征税要困难得多。茶非常容易走私，因为它分量轻且容易压缩。走私制约了税收。就像如今的香烟或葡萄酒一样，如果政府税率过高，收入反而会减少，因为走私的利润增加，走私货物的数量就会增加，因而导致征税的合法贸易减少。

因此，茶最终和啤酒一同成了英国的国民饮品。没有太多证据表明，茶的药用价值和其被大规模饮用相关，尽管很多人以此来劝说别人饮茶。茶之所以有吸引力，似乎是因为它具有提神愉悦的功效以及相对便宜的价格。与中国和日本不同，在英国，茶水很快就与牛奶和糖混合饮用，这也进一步增强了茶的吸引力。在一个以畜牧业为主，迅速发展殖民地糖业贸易的国家中，这很好地增加了人们在饮茶时的能量和蛋白质摄入。

第二部分
奴 役

第五章

茶的魅力

一辆大巴车将他带至西区。在那里，映入眼帘的是五光十色的灯光喷泉，在蓝色黄昏的掩映下，绿色和深红色的霓虹灯光交织着。他找到了心仪的咖啡馆，但它已变成了巴比伦式的茶馆，几近疯狂，化身一座拥有上万盏灯的白色宫殿。它高耸于老建筑之上，就像一座堡垒。实际上它的确如此，好似一个新时代的前哨，或是一个新文明，又或是标志着一个新的野蛮时代……这就是特吉斯（Turgis）步入的大型茶馆，他试图寻觅的不仅仅是简单的消遣，还有陌生奢华带来的魅力。

——J. B. 普里斯特利（J. B. Priestley），
《天使街》（*Angel Pavement*）

和日本人一样，英国人在茶传入他们国家后不久也对其产生了迷恋。英国逐渐发展了两种用于享受饮茶乐趣的场所。一个是公共场所，即茶馆或公园。起初，茶在咖啡店内与咖啡和其他饮品被一同供应，尤其是在 1660 年到 1720 年咖啡店兴盛的时期。这些咖啡店和茶馆对英国经济的繁荣发展起到了重要作用，因为许多重要的国际机构都在此诞生，其中包括劳埃德保险公司和英格兰银行。它们还是许多政治俱乐部的核心，大大促进了议会民主的兴起。宣教运动也从这里萌芽，事实上早在 18 世纪初期，一把特殊的茶壶就被当作礼物赠送给了折中者协会（Eclectic Society）。学会的初期会议在城堡与猎鹰酒馆（Castle and Falcon Tavern）里举行，会议期间有茶水供应，而正是这些讨论使英行教会（Church Missionary Society）得以成立。此外，这些咖啡馆和茶馆逐渐演变成作家和科学家的聚会场所，因此成为思想碰撞的中心。

1720 年以后，咖啡馆的热度开始下降。与此不同的是，茶热并未减退，不过转移到了新的场所：从最初饱受欢迎的咖啡馆和酒馆转移到沃克斯豪尔（Vauxhall）、拉内拉格（Ranelagh）、马里波恩（Marylebone）、库珀斯（Cuper's）、白色喷泉之家（White Conduit House）、伯蒙德西水疗中心（Bermondsey Spa）等地的休闲乐园里。在这些乐园里，伦敦人可以漫步，观赏各类有趣的物品，如最新的固定式蒸汽机或雕塑作品，还可以喝茶。喝茶自然是其中最为重要的。这些乐园通常占据数英亩的面积，园内有着树林、小径、凉亭、奇景和茶区——将优雅的乡村贵族园林引入了城市。在乐园里，绅士阶层和中产阶级聚集在一起，一同喝茶、闲聊、交流信息、欣赏音乐。值得一提的是，在这些乐园里，女人、孩子和男人一样受欢迎。

咖啡馆是成年男性聚会的场所，就像如今许多国家咖啡店内的情况一样。也许是因为其成本较高以及具有刺激作用，咖啡一直被视为男性的饮品。在英国，咖啡被当作富人的奢侈品。不过，茶很快就被人们当作一种"温和"的饮品。其口感温和，价格较为便宜，故而非常适合女人和孩子。也许大家知道，最初种植咖啡的阿拉伯地区只有男性饮用咖啡，但中国和日本的男女老少则普遍饮茶。因此，英国人可以和家人一起在茶园里度过愉快的时光，炫耀和攀比各自的幸福家庭生活，或者在参加茶室的派对时彼此打量。

与此同时，这些休闲乐园还吸引了 18 世纪早期许多伟大的文学、音乐和艺术界人士，比如著名诗人蒲柏（Pope）和亨德尔（Handel）就经常在这里会面并交流想法。这些乐园成了一定意义上的花园式大学。人们的乐趣不仅来自品茶，还来自建筑和风景，因此这些茶园深刻影响了英国园艺领域的巨大发展，且在 18 世纪达到高潮，产生了"能人"布朗（"Capability" Brown）以及"自然"风格的景观园艺。同样不难理解的是：茶作为一种来自中国的异国情调饮品，竟然能够引导英国和西方其他地区的人们对这一时期流行的"东方事物"保持痴迷。用中国瓷器来品味中国饮品自然会和欣赏中国事物、新鲜设计、漆器、丝绸和中国园林联系到一起。

一个早期的例子，展示出妇女的执着如何产生了巨大的影响。1717 年，托马斯·川宁（Thomas Twining）将汤姆咖啡屋（Tom's Coffee House）改建成了伦敦的第一家茶馆——"金色里昂"（The Golden Lyon），自 1706 年起就开始出售茶叶。这家茶馆至今仍在伦敦的斯特兰德（Strand）出售茶叶。[47]与咖啡馆不同的是，茶坊的客人男女皆有："众多贵妇人涌向川宁的茶坊……"雅致的中产阶级茶馆在 19 世纪后期开始迅速发展，尤其以里昂街角茶馆（Lyons Corner Houses）著名。[48]同样，这些茶馆也为全家人提供了一个娱乐和会友的场所。如果一个体面的中产阶级家庭前往伦敦旅行，或乘坐新铁路，或到海边游玩，都不能随便进入当地提供酒水的酒馆，也不能进入旅馆的酒吧。他们也不能前往伦敦各行各业的男性俱乐部，但他们可以前往茶馆。

茶馆和休闲乐园都非常适合英国中产阶级，以及以家庭为中心的伴侣式婚姻制度。它可以供父母与孩子一家人休息和娱乐。在许多文明里，包括欧洲大部分国家，妇女待在家里，男人则前往咖啡馆或酒吧等公共场所。在英国，饮茶有助于建立一个场景，让男人和女人、成人和儿童可以在公共场合共聚一堂。

饮茶活动也在半私人层面传播开来。在茶引入之前，如果一个中产阶级家庭，特别是家中的女性，想要在自己家的私人空间招待其他家庭或个别朋友，唯一能够提供的就是酒精饮品。现在，终于有了一种温和的冲泡饮品，且可以带有一定程度的仪式感加以享用。奉茶服务给主人提供了一个可以展示其所有良好教养、举止和礼节的机会。这一习俗最初源于王室，并受其支持，因为17世纪末查理二世的妻子——凯瑟琳首次在宫廷里推广茶，宣传其为一种温和有益的饮品。茶早期与贵族和绅士阶层有关。茶礼仪方面的一个重要创新者是第七世贝德福德公爵（Seventh Duke of Bedford，1788—1861年）的妻子安娜，她呼吁人们在下午时分供应茶和蛋糕，因为每到那个时候她都会有种"沉闷压抑"感。自此，起源高贵的饮茶习惯开始传播到普通家庭中。事实上，贫困人群对于中产阶级饮品及其相关仪式的过度热衷曾饱受诟病，因为他们模仿上层社会的方式过于做作，引起诸多不满。

在一个阶级意识明显但社会流动性较高的社会中，语言、手势和物品上的微小细节都会不断被人们解读，以确定人们的社会地位。在这种背景下，茶成了一种重要的包容与排斥机制。茶具和家具的确切形状和风格，茶的味道（越淡越苦表示阶级越高——就像雪莉酒一样），其至包括用手指拿起茶杯的方式，都会彰显一个人所处的社会阶层。

后来，在20世纪世界大战期间，军官们开始用瓷杯喝茶，而普通士兵则用大金属杯喝桶里倒出来的又浓又甜的茶。[49] 然而，通常这方面的差异会更加微妙。要想给人留下深刻印象，表明自己具有良好的背景，必须进行有针对性的学习，就好似学习演奏乐器、插花、言谈礼貌和其他女性才艺一般。英国的饮茶活动虽然不像日本茶道那样需多年学习，但同样是一门有迹可循并需要付诸实践的艺术。

"下午茶会"发展出许多类似于日本的小型仪式形式。饮茶需要特殊的茶具：杯子、盘子、茶叶盒和茶壶，桌子和椅子也都要摆放在一个特别的房间里。人们饮茶的方式在社交上非常重要，因此有大量的著作致力于阐释泡茶和奉茶艺术。作者们解释了如何邀请客人喝茶，应该摆放哪些器皿，如何询问一个人是否想要喝茶或续茶等。尤为重要的是，如何与不同社会阶层的客人打交道，如何称呼有头衔的人、主教、法官，以及在招待客人时的优先级顺序。此外，还需要了解如何搭配食物以及搭配哪些食物，如何向女主人道谢和告辞等。

特鲁布里奇（Troubridge）夫人在她的两卷本《礼仪之书》（*Book of Etiquette*）中专门用一章的篇幅介绍了饮茶和下午茶会的相关事宜："客人可以围桌而坐，或者女主人可以在椅子旁边放一个小桌子或凳子，用来放茶杯和小茶盘……有时会使用小茶巾，但一般来说没有这个必要。如果供应果酱，则会提供茶刀（非常小的镀银或带银刃的刀）。”[50]

后来，贝蒂·梅辛杰（Betty Messenger）编写了《礼仪完全指南》（*Complete Guide to Etiquette*），概述了饮茶这一场合的各方面礼仪，包括在招待客人的重要时刻要说些什么。“当你询问对方是否想要再来一杯时，正确的说法是：‘布兰德夫人，您需要再来一杯茶吗？’当你递三明治时，一定要告诉对方里面有些什么，因为布兰德夫人可能对蟹肉酱过敏，但又不好意思主动询问你三明治里面有些什么。”[51] 这些小细节可能看起来微不足道，但整个社交体系都依赖于此。正如萨拉·麦克林（Sarah Maclean）在《礼仪与好礼节》（*Etiquette and Good Manners*）中解释的那样：“如今的茶会虽然是非正式的聚会，但也需要注意三点礼仪细节。喝茶时‘不应该’翘起小指——这样做十分可笑且做作，是在‘装斯文’。主人的家庭越属于‘上流社会’，牛奶越有可能是最后加入的。‘什么都不用加’是另一个透露说话者阶层的细节。当女主人问你喜欢喝什么样的茶时，你应该告诉她明确的要求，比如‘淡一些’、‘浓一些’或‘请稍微加一些牛奶’。”[52]

这样做的目的是营造一种特定的氛围。“饮茶的房间里应该有一种雅致的氛围，来访的客人应当衣着整洁且他们是经过主人精心挑选的。茶则本身应是上佳的，无论花费多少情感和金钱都要备好。女主人应该怎么做，并无成规，自然大方即可。”[53]

大部分这类礼节性行为都与日本的茶道具有相似的社交功能。也就是说，在一个保守和注重社会地位的社会中，许多事情可以通过物品、礼仪细节与尊重和喜爱来表达，而非言语。茶会传递了一种友好，甚至是亲切的氛围，但与此同时，席间的闲聊和批评也会让彼此之间保持一定的界限，正如简·奥斯汀、特罗洛普（Trollope）和狄更斯小说中的许多情节一般。

闲聊的内容会根据茶的种类而有所不同。托马斯·德·威特·塔尔梅奇（Thomas De Witt Talmage）写道：

> 谈话的风格在很大程度上取决于女主人招待客人时所用茶的种类。如果是正宗的熙春嫩茶（Young Hyson）……客人的谈话就会活泼、热情且充满欢乐。如果是珠茶（Gunpowder Tea），对话会充满火药味，必然有人会在交谈中名誉扫地。如果是绿茶……客人的谈话中或许会产生有毒效应，损害大家的道德健康。[54]

就这样，喝茶活动在 18 世纪引起了全民热潮，填补了数百万妇女长时间的"强制休闲时光"。和日本一样，喝茶成了象征友情、好客的事情，成了通过物品和行动传达亲近感、通过消费来进行交流的机会。特别是，中产阶级妇女可以通过邀请其他妇女来家中或外出喝茶，以打发孤独寂寞的时光。

这些社交聚会通常只是为了炫耀、闲聊和叙旧。它们为妇女提供了与男人围坐饮酒相对应的机会。在威廉·康格里夫（William Congreve）的戏剧《两面派》（*The Double Dealer*）中，有人问妇女们在哪里，被告知"按照古老的传统，她们此刻正在走廊的尽头，一边喝茶一边聊八卦"。这些聚会还可以为妇女提供一个可以自己做主的空间。在玛丽·伊丽莎白·布雷登（Mary

Elizabeth Braddon）的小说《奥德利夫人的秘密》（*Lady Audley's Secret*）中，她写道："毫无疑问，女人在沏茶时最美丽。（这是）……最具女性魅力，最顾家的职业……拿走茶几就是剥夺妇女合法的'统治权'。"[55]

这些聚会还可以为妇女提供一个协调行动的舞台。这样说似乎并不牵强：19世纪英国众多伟大女性中，很多人的重大成就在某种程度上归功于一起喝茶，如作家和社会评论家哈里特·马丁诺（Harriet Martineau）。这些女性在扩大民主、建立社会机构和慈善事业、组织宣教工作和文学活动以及成立妇女协会、女童子军在内的许多其他杰出机构方面作出了重要贡献，而这一切在一定程度上都得益于她们在茶会中的交流。

妇女在个人领域的崛起也与茶有关。茶会是唯一一个她们可以当家做主的场合。女人手中拿着茶壶，就如同操持着一件强大的武器，即使是最强硬的男人在此刻也会对她礼让三分。此外，茶还改变了不同年龄段人们之间的关系。育儿茶（nursery tea）时段，父母，尤其是母亲，会和由仆人照看的孩子们见面。同样，每逢生日茶会或共享圣诞蛋糕的圣诞茶会，男女老少都会欢聚在一起。

茶不只影响了上层和中产阶级的日常生活，其文化还融入了大众的日常生活。因此，另一个重要惯例出现了，即工人的"茶歇"，其对现代英国经济和社会的发展产生了重要影响。茶歇的发展使得工人的生活更具滋味，让工人们有了盼头，成为工厂、小作坊、办公室或者矿山长期苦工的重要社交方式。有咖啡因和糖提神，有茶来放松神经和恢复活力，再加上好友之间闲聊、互通信息，工人们因此能够重新投入紧张的工作中，完成一些在没有茶歇的情况下可能无法忍受的任务。结束了一天的忙碌，还是灰头土脸、精疲力竭的时候，在用餐时喝上一杯"好茶"，既能让疲惫的四肢恢复活力，又能避免喝酒带来的支出及其对健康的危害。

难怪当19世纪致力于反对酗酒的禁酒运动展开时，茶成为其核心象征和武器之一。茶安全无害，价格低廉，具有提神功能，因此广受推崇。禁酒运动的倡导者举办茶会，既是为了筹款，也是为了招募会员。18世纪中期的杜松子酒狂潮之所以戛然而止，在很大程度上是因为酒价攀升且茶开始成为穷人的替代饮品。19世纪后，人口规模进一步扩大，但类似的情况再次出现。这一时期，茶、道德和节制之间存在着错综复杂的联系。[56]

令人好奇的是，喝茶会对国民性格产生怎样的影响？英国人是否会从具有侵略性、好战性、嗜红肉和啤酒的人，变得温和且不易激动？根据日本和中国这两大茶文化国家的记载显示，国民饮品的变化确有此效。

卫三畏认为，茶对"西方人的影响不容忽视"。

　　　　中国人居家的、平静的生活和习惯在很大程度上要归功于对茶类饮品的长期使用，因为品味淡茶容许他们选择饮用时间，并可以坐在茶桌旁慢慢享用。如果他们以同样的方式品味淡威士忌，那么贫困、争吵和疾病就会取代节俭、宁静和勤奋。他们的节制行为主要归因于饮茶……如果有人在北京、广州的街头行走，看到这些城市茶馆附近善良欢乐的劳工和闲汉，却还怀疑茶是否真的可以满足人类需求、调和人们情感的话，那肯定只能说明是他自己的生活欲望未被满足罢了。[57]

17 世纪末，约翰·奥文顿（John Ovington）爵士在他关于茶的著作中也提出过这一观点："一个一直生活在礼仪之邦的陌生人，在哪里能够受到比中国人更有礼数的接待呢？"[58] 同样，约翰·萨姆纳（John Sumner）在 1863 年也提出了这个问题："即使在政治革命中，茶也能使中国人保持冷静和有序，那此刻质疑茶是否能够塑造这种温和而有教养的性格，是否显得有些多余？"[59]

后来，G. G. 西格蒙德（G. G. Sigmond）博士在《茶：药用影响和道德影响》（*Tea: Its Effects, Medicinal and Moral*）中讨论有关戒酒协会的内容时对茶大加赞赏。

在大多数情况下，茶已经替代了发酵或含酒精的饮料，改善了许多人的健康和道德水准。它改善了人们的气色、体力和活力，使人们更加吃苦耐劳。人们更善于挖掘和享受生活中简单的乐趣，并获取有用的信息。整个社会都变得清醒、谨慎和富有远见……人们通过饮茶和交流变得更加健康、快乐和优秀。他们摒弃了颓废的恶习，转而选择了诚实守信。曾经被排斥、遭遇不幸、感到痛苦的个体变得独立，对社会来说无疑是一大幸事。[60]

1883 年，作家 W. 戈登·斯特布尔斯（W. Gordon Stables）在他关于茶的论述中引用了道格拉斯·威廉·杰罗尔德（Douglas William Jerrold）的话："实际上，关于茶对这个国家产生的社会影响，怎么都说不完。它教化了野蛮暴躁的家庭，拯救酗酒者于死地，使得许多本会经历孤独不幸的母亲拥有了愉快、平和的情绪，得以乐观地生活下去。"[61]

因此，饮茶改变了工作模式、妇女的地位、艺术和审美的性质，甚至改变了国民的性格。正如在日本和中国一样，茶的兴起改变了英国人生活的方方面面，尽管由于每个文明的文化历史不同，实际影响差异显著。"茶是礼仪之士的饮品，就像密集的季风雨一样，既能安抚心神，又能振奋人心，既能促人交谈，又能放松身心……"帕斯卡尔·布吕克内尔（Pascal Bruckner）写道，"思想和传统在冒着热气的透明液体中缓慢沉淀"。[62]正如法国评论家吉约姆·雷纳尔（Guillaume Raynal）在 1715 年所述，茶改变了社会的氛围，尽管新出现的喝茶热可能会带来一些不便，但他指出，"不可否认的是，相较于最严苛的法律、最雄辩的基督教演说和最有力的道德论著，茶在唤醒国民理性方面贡献更甚"。[63]

虽然饮茶方式可以通过细微的动作或标志来体现社会阶层差异，但它也在一定程度上掩盖了一些"阶级隐性伤害"。正如讨论天气可以让不同阶层的英国人团结起来一样，饮茶也可以做到这一点。J. M. 斯科特（J. M. Scott）在《茶的故事》（The Tea Story）中写道，"实际上，茶无阶级，它属于每一个家庭。富人可以用茶款待穷人，穷人也可以用茶款待富人，无论哪一方都不会感到尴尬"。[64]

茶对中国和日本陶瓷的深远影响被广泛认可，饮茶需求对陶瓷质量和数量都产生了推动作用。饮茶对欧洲陶瓷的影响也几乎同样显著。

如果我们把注意力集中到英国身上，暂时不考虑在 18 世纪中期德国发现制瓷工艺这一问题，我们仍然会发现茶对英国产生了极大的影响。其中一部分影响实际上是由英国商船从中国返航时带回的陶瓷而引起的。这些船只需要在非常轻的茶箱旁边加上压舱物，于是中国的陶瓷制品被搬上了船。这些东西不但有分量，被运送到欧洲后还具备销售价值。这些陶瓷制品数量惊人。根据亨利·霍布豪斯（Henry Hobhouse）在其作品《变革的种子》（*Seeds of Change*）中估计，大约在 18 世纪上半叶，平均每年从中国进口到欧洲的陶瓷制品就超过了 500 万件。据他推测，在 1684 年到 1791 年这段时间，欧洲大约进口了 2.15 亿件中国陶瓷制品。[65]

饮茶的第二个影响直接关系到英国陶瓷制品的生产。饮茶文化创造了非常可观的陶瓷制品消费需求。茶最好是用陶瓷制品来盛放。土耳其人使用玻璃杯或锡杯饮茶，但总体来说，黄铜、锡器、搪瓷、玻璃和其他材料制成的容器不太适合这种热饮。随着人们对茶的热情不断高涨，茶具也变得更加复杂，简单而优雅的中国和日本茶杯上增添了许多特色。中国人和日本人喝茶时通常使用没有把手的茶碗，而英国人则已经习惯于有把手的玻璃杯和其他容器，并喜欢将其改装以适合倒入滚烫的饮品。英国人对茶壶进行了改进，以便茶水可以通过壶嘴倒出来。因为英国人要在茶中加入糖和牛奶，所以所有的客人都需要汤匙，而茶杯上添置的茶托正是用来放置汤匙的。糖碗和牛奶罐要放在茶壶旁，这就为银匠和陶瓷工匠提供了大显身手的空间。与此同时，饮茶也成为通过仪式来彰显财富、品位及社会地位的方式。

此外，盛放茶叶的容器即茶叶盒也需要制作，还有供茶点的桌子，放饼干和蛋糕等茶点的小盘子，以及营造优雅温馨环境的椅子、屏风和壁炉。因此，工匠技艺，加上杂货商、茶叶品鉴师以及拍卖师等从业人数的不断增加，催生了英国社会进入 18 世纪后第一个三十年的茶叶消费繁荣。

茶成为 18 世纪英国最重要的工业化生产行业之一——瓷器制造——的支柱。约书亚·威基伍德（Josiah Wedgwood）便是其中最著名的例子。当时，他创办了陶瓷制造厂，核心业务是用精美的古典设计和色彩制造茶具，然后相对便宜地供应给中产阶级。从 1672 年开始，茶具的发展开始进入一个新的阶段，其中包括对形式、材料和图案的创新。普尔（Poole）、伍斯特（Worcester）、斯波德（Spode）、切尔西（Chelsea）等公司展示了如何在制造茶具和赢利之间取得平衡。彼时，许多技术革新也被推出，原先属于手工工艺的陶瓷制品也开始进行大规模生产。英格兰开始出现了一个新的产业。最终，这让陶瓷制品的进口变得多余，而且将其价格也压低到一个可怜的水平。

随着喝茶成为主要社交活动，它开始改变英国人的日常生活节奏和餐饮性质。过去，上层和中产阶级的早餐极为丰盛，他们往往都要吃肉、喝麦芽啤酒。而现在，早餐则变得清淡起来，人们只吃面包、蛋糕并搭配果酱和热饮（尤其是茶）。[66] 此前，由于午餐和晚上睡觉之间间隔时间较长，因而晚餐往往较早进行；

而现在，晚餐可以被延迟到晚上七八点，因为下午四五点的时候人们会吃一些茶点，作为过渡。除了茶水外，茶点中往往配有面包、蛋糕和饼干，算得上是一顿小餐了。

对上层阶级而言，所有这一切都恰如其分，但对工人阶级来说，情况就大不相同了。试想一下，一位疲惫不堪的体力劳动者，在下午五六点结束工作后，最想做的便是吃饭和休息。因此，在英格兰北部和苏格兰南部的工厂和矿区，出现了一种以其主要成分命名的餐点，如"茶点"或"傍晚茶"。一杯茶，搭配上面包、少量蔬菜、奶酪，偶尔还有肉类，能够让筋疲力尽的工人们恢复元气，以面对第二天的工作。因此，虽然茶对中产阶级来说已成为社交必需品，但在18世纪末和19世纪初，对许多工人阶级而言，茶实际上成了他们生活中的救命稻草，因为茶的支出往往占他们饮食预算的一半，尽管它已经足够便宜。他们并非像许多批评者所声称的那般不节俭或愚蠢，相反，他们从痛苦的经验中得知，只有茶才能帮助他们忍受生活的艰辛。

茶与工人阶级之间的这种深厚联系可能也是导致大英帝国某些地区对茶情感深厚的因素之一。多年来，亚洲以外最热衷饮茶的国家不是英国，而是澳大利亚。澳大利亚主要由英国的工人阶级移民组成，他们把自己对茶的依赖带到了澳大利亚。

近年来，人们对一个大约发生在1650年后的现象——消费革命——产生了浓厚兴趣，这个现象为工业革命的到来铺平了道路，提高了效率。如果没有市场，特别是衣物和陶瓷制品等廉价消费品的市场，那么设计大规模生产廉价消费品的方法将毫无用处。商品需要被卖出去，为此就必须培养人们的品位和鉴别力，尤其是消费者的欲望。因此，随着工业生产的增加，消费实践也出现了巨大的增长。

这就需要一系列组织和沟通的变革。基于数百年来丰富的市场零售经验和技巧，人们进一步改进或发明了相关策略，其中包括广告、储存、包装和分销。茶扮演了众多角色，其中之一便是试图成为建立新型消费者社会的主要工具。如此一来，茶成为消费革命的焦点就不足为奇。17世纪的英国人并不需要一种新方法或改进原有方法来帮助他们了解和鉴别，甚至不需要知道如何购买和消费啤酒、面包和羊毛衣物，因为他们对这些操作和商品都再熟悉不过。然而，想要让人们对一种陌生的、之前从未了解过的叶子产生兴趣——一种需要放入热水中冲泡，看起来像脏东西的黑色物质，或是对咖啡、烟草等其他东西感兴趣，仍需付出额外的努力。

首先，必须进行广告宣传，解释产品是什么，以及为什么明智的人们应该渴望购买它。据说，《政治快报》（*Mercurius Politicus*）于1658年刊登了"伦敦报纸上首个商品广告"，而该广告便是关于茶的[67]。从那时起，关于茶的广告宣传就未曾间断，直至今天在电视和全球网络上仍然活跃，不断劝说鼓励人们买茶喝。东印度公司以及许多大型企业的财富和实力也起到了推波助澜的作用。

接下来便是零售环节。18世纪初，杂货店开始出售茶（现在这些店成为"茶叶杂货店"，以区别于普通的杂货店）。人们开始开设专门的店铺，将茶提前包装在吸引人的盒子和袋子中，而非当着客人的面称取、出售散茶。茶叶销售成了许多大型零售公司发展的基石，比如18世纪初的立顿（Lipton）。一个半世纪后，另一家零售业巨头乐购（Tesco）也通过销售茶而崭露头角。

茶叶必须为自己开辟新的渠道，与历史悠久的商品并驾齐驱——而当时英国正处于农耕出现后人类历史上最伟大的转变时期。正如人类首次从农业转向工业，从农村文明转向城市文明一般，茶逐渐崛起成为世界上最受欢迎的饮品之一。因此，茶能够引领许多其他商品的发展模式和趋势。在短短几代人的时间内，英国的需求转变为这种基本需求。这种饮品在1650年时鲜为人知，但在一百年后却广为流传，是英国历史上最引人注目的消费革命之一。

茶改变了英国，就像它改变了中国和日本一样。19世纪中叶，历史学家约翰·戴维斯（John Davis）写道："在过去一百年里，茶在英国人中引发的革命，是对一个民族习惯做出的最大变革。"[68] 伴随着这种转变，世界历史上最为强大的资本主义和帝国主义国家开始出现。人类学家西敏司（Sidney Mintz）描述道："英国人喝下第一杯加糖热茶算得上是一个重大的历史事件，因为它预示着整个社会的变革，经济和社会基础将彻底重塑。"[69] 茶改变了一切。

第六章

取代中国

英国对茶的需求越来越大。英国人口增长迅速，前往英国殖民地和领地的移民数量亦不断增加，逐渐在美洲和亚洲形成巨大的潜在市场。因此，人均饮茶数量也在迅速增加。

中国茶一直让西方的受众颇为满意，尤其是英国人，但 18 世纪后期，情况发生了变化。东印度公司并不热衷于探索这类商品的替代品，因为它垄断了对华贸易，不希望自己在茶叶贸易中的垄断地位受到威胁，这不足为奇。1711 年到 1810 年，英国政府从茶叶贸易中征收了 7700 万英镑的税款，可见茶叶贸易规模之大。然而尽管东印度公司并不情愿，但商人和企业家们都逐渐形成了一种共识，即中国不该独享这种世界上最有利可图，且利润一年比一年高的贸易。

欧洲人见不得东方国家靠自己产品发财的这般好事，于是将目标转变成寻找并控制糖、鸦片、橡胶、咖啡、可可等必需植物产品的生产。他们在英国建立了邱园（Kew Gardens）和其他一些分园，"收集者"则将植物标本送到那里。一旦英国人占据了这些植物生长的地方，他们就可以宣示所有权，表明这些植物属于他们。自然学家约瑟夫·班克斯（Joseph Banks）爵士自 1778 年起担任皇家学会会长，他曾派遣植物猎人前往世界各地搜寻植物标本；许多"探险家"也承担着同样的使命。

早在 1778 年，东印度公司就向班克斯征求了有关茶叶的建议。他告诉他们，茶树在纬度 26 度至 30 度之间的地区生长最为适宜，并提议茶树可以种植在印度的比哈尔邦、朗布尔和库奇比哈尔；绿茶（当时被认为是不同的品种）则适合在山中生长；只需要提供适当的激励措施，不丹人就会马上着手种植。他坚称，茶对英国来说"具有最为重要的国家意义"。

在中国以外的地方种植茶树的唯一途径便是将其移栽到欧洲殖民地的类似环境中，或者移栽到更远的地方，如里约热内卢或圣赫勒拿岛等气候适宜之地。

荷兰人首次将中国茶树引入世界其他地区。早在 1728 年，他们就把茶树带到好望角和锡兰①。然而，直到 1828 年，他们才建立了像样的茶园，这些茶园距离中国更近，位于爪哇。将茶树和种子从广东带走是非法的。当时的中国政府曾悬赏抓捕试图偷运这种植物及其种子的商人，并竭力捕获他们的船只。但是，由于有廉价劳动力可用，爪哇的茶园还是蓬勃发展起来了。不过具有讽刺意味的是，茶树种植在爪哇的真正兴起，还是在 1878 年引入印度茶株之后。

因此，当两支英国使团前往中国时，英国政府就鼓励他们研究一下把茶树带出中国的可能性。1792 年，英国第一支使团出使中国，其间，班克斯与马戛尔尼勋爵同行，并为加尔各答的植物

---

① 今斯里兰卡。——编者注

园带回了一些茶树和种子。1816 年，阿默斯特（Amherst）勋爵所在的使团送出了茶树，但因为途中遇险，不幸遗失。

绕过中国去生产茶叶的主要压力源自经济层面，从许多方面来看，类似于情愿在英国制造棉花而不依赖于印度织工。如果意识到，在 1750 年到 1850 年这段时间里，英国正在经历第一次工业革命的巨大变革，那么就不难理解为何英国人对中国生产的茶叶日益不满了。这一变革的核心是将昂贵、缓慢且经常不可靠的人力替换为由非人力驱动的机器，这样更便宜、更快速且更为可靠。

工业化方法不仅引领了工厂商品的生产革命（起初主要是棉制品），还带来了农业革命。农业革命始于改进作物轮作和化肥的使用。农场变成了作物生产的室外工厂。一切设计都以效率最大化为诉求，人们将工作仔细划分为不同的部分，并在最大程度上运用机械和非人力资源以降低成本。

因此，此前英国人就已经看到，通过使用机器和集中耕作的方法，他们的农业在单位面积产量和人均产量上均得到了巨大的提高。他们通过开采大量的煤炭来补充畜力、风力和水力，从而成为世界上最为强大的国家。随着他们对茶叶消费量的增加，一些企业家开始思考：如何将机械化、新能源和劳动力的革新应用于茶叶生产？

愈发明显的是，如果茶叶一直处在传统的、一成不变的中国古代文明框架内加以种植和加工的话，效率和利润的最大化将永远无法实现。

在中国，茶树的种植方式杂乱无章，一张早年的照片便能很好地反映出这一点。茶树生产各阶段使用的工具都非常简单，几乎从公元 9 世纪到 19 世纪这一千年间都没有太大改变。采茶活动则通常以家庭为单位进行。[70]

19 世纪 70 年代，美国女旅行者康斯坦斯·戈登·卡明（Constance Gordon Cumming）曾描述了采茶场景及其巨大的劳动需求。

> 眼前在茶园做苦工的女孩数量之多，她们肩上竹扁担两头的分量之重，让我非常震惊。每个女孩都挑着两大包茶，每包茶的重量都有半担，也就是 50 多磅。就这样挑着沉重的担子，这些容貌姣好的年轻女子走了十几英里（1 英里 =1.609 千米）路，边走边聊，边走边唱……茶园散布在山丘上，形成了一片片有规律种植的灌木丛。在这里，女孩和妇女们忙着采摘嫩绿的茶叶，将其装在用劈开的竹子编成的大篮子中。[71]

20 世纪初，自然学家欧内斯特·亨利·威尔逊（Ernest Henry Wilson）在谈到高海拔地区的茶叶种植时描述道："茶叶种植点一直延伸到海拔 4000 英尺（1 英尺 =0.305 米）的地方，茶树围绕着山边的梯田种植。人们很少关注它们，并且由于四周杂草丛生，这些茶树往往只能长到 3 到 6 英尺高。"[72]

茶叶采摘后的实际加工方法非常费力。一份"早期"手稿给出了如下商业制茶的说明。

　　将茶叶均匀地铺在竹盘上，五六英寸厚，放在适合通风的地方，雇一名工人来看护它们。茶叶从中午一直晾晒到晚上六点，这时候，茶就会散发出香味。然后，将茶叶倒入一个大笪箩，两只手抓住笪箩两端用力上下颠簸摇晃三四百下，这个过程叫作摇青。这道工序能够让茶叶边缘发红，并出现红点。接下来，把茶叶放在锅中烘烤，之后再倒入笪箩里揉捻。揉捻时将双手插在茶叶里，顺着圆周方向揉捻三四百圈，然后再将茶叶倒入锅中，再烘烤和揉捻三次。如果工人技术好的话，茶叶就会紧密而卷曲有致；如果工人技术差的话，茶叶就会显得松散、敞开、直挺挺的，外观很不好看。随后，将茶叶放置到"焙炉"（poey long）上，用旺火焙烤，在此过程中不停翻动茶叶，直至其八成干。接下来再将茶叶铺在平笪箩里，晾晒到早上五点，并将其中的黄叶和茶梗拣出去。早上八点时，再将其置于"焙炉"中用文火慢烤。中午时分，再翻动一次茶叶，然后静置晾干，直到下午三点再装入茶箱中。[73]

这些方法可能已经沿用了千年，几乎没有改变。直到19世纪末，康斯坦斯·戈登·卡明对其中的一些变化做了以下描述：

　　随后将这些叶子铺在垫子上，放在阳光下晾晒，直至半干。此后，将茶叶放在巨大的扁平圆笪箩里，让苦力用光脚作为滚轮，反复踩踏翻动茶叶，直到每片叶子

都呈独特的卷曲状……然后，将整个过程重复一次。将
叶子放到阳光下晾晒，再让苦力用脚将其踩踏翻动一次，
然后再用手精心地揉捻。然后再将这些茶叶置于阳光下
曝晒，直至完全干燥、看不到绿色痕迹为止。接着，将
这些茶装在袋子里，送到茶商那里，在他们的监督下烤制
茶叶。在这道工序里，要给没有掺夹杂物的茶叶表面加上
一层靛青和石膏……部分茶农自己家中便有炭炉，可以自
行完成一些小规模的烤制工作，但这只是例外情况。[74]

虽然这一过程需要大量的人力，但在以这种方式产茶的数百
年间，并没有采用任何节省人力的机械。19 世纪后期，阿萨姆对
茶叶生产的相关工序进行了机械化优化，在这一压力下，中国的
一些地区也试图用机器来代替人力，但出于种种原因，这些尝试
都以失败告终。[75]

在英国人看来，上述加工流程都非常低效。他们自己的农业
革命是通过应用资本主义方法，将小农场合并为大农场实现的。
他们认为，中国人倾向于采用的家庭生产方式和农民生产方式都
极不高效。他们觉得中国人所需的是规模庞大的庄园或种植园，
从而实现规模经济和真正的"科学"生产。英国人的这些想法永
远无法在中国实现。显然，要想达到他们的诉求，茶树必须搬到
一个新的地点，以便进行高效的种植。就应该像对待英国东安格
利亚农场上的小麦或玉米一般：少数几名工人使用高效的机器和
磨坊，生产大量产品，从而降低生产成本并提高产品质量。

在英国，合理运用水力和轮式马车可以将运输成本降到最

低。但在中国，要将茶叶从产地运送到沿海地区困难重重，这导致茶叶的运输成本很高。19 世纪 40 年代末，塞缪尔·鲍尔（Samuel Ball）进行了详细的描述，值得在此引用。他的阐述打消了我们一贯认为的"在家乡加工茶叶一定轻松惬意"的想法。

> 通常，红茶被运送到广州时要途经江西。茶叶首先沿着福建闽江被运送到名叫铅山的地方，然后由搬运工经历八天的旅程，穿过山区峰峦，将其运送到湖口，随后再通过江西的河流，运往南昌和赣州。此后，在途中多次换船，到达江西与广东交界的大梅岭山口。在此处，茶叶会再次由搬运工运送，经历一天的旅程，然后被重新装在大型船只上，运送到广州。从武夷山茶区到广州的整个运输过程大约需要六周或两个月的时间。[76]

因此，茶通过这片复杂困难的地形，主要依靠大量辛勤劳动、受着一定约束的人力来运输。尽管有时这些茶叶可以顺流而下，但即便如此，也需要极大的人力加持，因为船只虽然容易顺流而下，但过后还需要人力将其拉回上游。伊莎贝拉·伯德（Isabella Bird）曾花费三页的篇幅，用不凡的文笔描绘了 19 世纪后期这项工作何其辛苦。

为了一丁点的食物和工资，"这些人干着我见过的最为艰苦和危险的工作……从清晨到日落，他们周复一周地，不停地工作"。

> 他们逐渐远去，爬越着河岸上带棱角的巨石，倒滑

在光滑岩石的山脊上，互相扛着攀爬悬崖壁，或是用手指和脚趾紧紧抠住石头，或是跪着前行，有时又会站在悬崖峭壁上。能够防止他们坠入下方汹涌激流的，也只有他们脚上的草鞋……这些可怜的人，他们在充满危险和困难的情况下，拉拽着我们要喝的东西沿着长江逆流而上。更多的困难亦随处可见：他们被长而沉重的绳子拴在一艘沉重的平底船上，顶着翻着大浪、卷着漩涡的洪水逆流而上，洪水汹涌澎湃，涡流不断；他们经常会感受到剧烈的颠簸；船会突然停下来，在洪流中飘荡数分钟；拖绳经常断裂，将他们摔在凹凸不平的岩石上，让他们脸部和裸露在外的身体受伤；他们不停地在水中来回穿行；他们每天都冒着惨死水中的风险；他们做这一切只是想混口饭吃罢了！[77]

　　这条路对动物来说都过于难行，何况是人们。在许多路线的其他地段，搬运工都得将沉重的货物背在身上。欧内斯特·亨利·威尔逊描述了他们平均每次背负超过 150 千克（约是他们自己体重的两倍）货物的情形。在路线的某一部分，不到 140 英里的距离中，搬运工需要花费大约 20 天的时间负载前行。"因为身上背负着沉重的货物，所以他们不得不每隔一百码（1 码 =0.914 米）就休息一次。因为如果搬运工们一旦将货物放在地上，就很难再次将其扛起，所以，他们每人都携带了一根短的拐杖，用于在休息时支撑货物，从而不用解开绑定货物的吊带。"一个搬运工辛苦这 20 天，也只能获得大约 1 先令的报酬，并且"他还得用这个钱来支付自己的饮食和住宿"。[78] 搬运工背负着沉重的货物，拖着疲惫的身体，往返于贸易港口，艰苦不堪。路上还存在许多中间商，他们对搬运工进行组织管理，允许茶叶通过他们的地盘，但要对其收取过路费、税费和保护费，这些都增加了茶叶的成本。

这种体系的优势在于，数百万家庭生产的茶如涓涓细流般汇集成一条庞大的茶叶之河，流向港口。从劳动力和土地的角度来看，这种生产方式相对廉价。对农村家庭和整个运输途中所有中间商来说，这也是一种重要的额外收入来源。不过，在英国人看来，其中不足之处便在于没有对生产实行集中控制，无法系统地改进或检测茶叶的质量，也无法运用系统的知识和科学的管理方法来种植和保护茶不受各类虫害的侵袭。

最后，英国人对于中国商人能够在港口获取丰厚利润一事感到愤怒。塞缪尔·鲍尔在 19 世纪中期这般写道："构成外国人茶叶成本的相当大一部分就是中国茶叶行的利润。"[79]

他用中国货币列出了当时这一贸易过程中每个阶段的平均成本，如表 6-1 所示。

表 6-1 茶叶贸易各阶段成本

各阶段成本类别	两	钱	分	厘
种植和加工成本	12	0	0	0
包装费用	1	3	1	6
运输到广州的费用	3	9	2	0
广东政府关税、茶叶行开支、租船以将茶叶从陆地运输到船只上的费用	3	0	0	0
总计	20	2	3	6

这些成本正是英国人希望削减的费用。随着其他类型的经济和政治问题愈发凸显，这项任务变得越来越迫切。

虽然茶对英国而言变得越发必不可少，但他们发现，在茶叶供应方面，他们依赖的唯一的国家过于强大、无法控制。然而，局势正在迅速变化。自 1792 年马戛尔尼出使中国到 19 世纪 30 年代期间，英国的工业和军事实力迅速增长，并且可以通过一个著名的事件清楚地展现出来。[80]

当少量茶叶被进口到欧洲时，茶叶往往可以通过交换多种商品来支付。18 世纪下半叶和 19 世纪初，英国可以利用其对印度不断增强的控制，用从孟加拉出口至中国的棉花来支付茶叶费用。但是，正如英国的做法一般，当中国改良了棉花加工技术之后，就削减了对廉价的印度商品的进口量。

一直以来，西方与中国进行贸易的主要商品是白银。这种方法在一段时间内行之有效——大概是中英之间快速帆船直航贸易开通的头五十年，大约 1720 年到 1770 年。此后发生了各种事件，导致不再可以直接使用白银。然后在 1776 年，美国革命切断了来自墨西哥等主要来源地的白银供应，而白银的成本也因通货膨胀而迅速攀升。此外，英国对茶叶的需求每年都在大幅增加，但白银不足以支付，危机就此形成。茶叶在英国是一个迫切的需求，但并没有足够多的货币来支付它。最后出现的解决方案是：用一种更会让人上瘾的"药物"来换取茶叶。

1758 年，英国议会授予东印度公司在印度生产鸦片的垄断权。尽管中国禁止鸦片进口，但葡萄牙人通过非法渠道将这种东西卖到中国。1773 年，英国人夺走了这一生意，并到 1776 年已经向中国出口了大约 60 吨鸦片，到 1790 年时数量翻了一番。生产鸦片成为一项巨大的产业，在鸦片主产区孟加拉，受雇从事这一工作的人数将近 100 万。到 1830 年，英国向中国出口了近 1500 吨鸦片，价值相当于如今的数十亿美元。正如 19 世纪的历史学家约翰·戴维斯所写："卖到中国的这种有害的东西，在市值上已经超过了从中国购买的有益健康的茶叶；而贸易的差额则以白银支付给我们。"1833 年，中国的鸦片进口价值为 1150 万美元，茶叶出口价值则只是略超 900 万美元。[81]

从表面上看，东印度公司在鸦片生产方面的垄断与其在茶叶贸易方面的垄断之间没有直接联系。公司只是将鸦片出售给在印度做生意的英国商人，然后这些商人将其带到中国，由腐败的官员处理。因此，公司并没有正式参与其中，但自然知道发生了什么。这些商人获得了银币，然后将其卖给东印度公司。银币返回伦敦，然后交给代表公司前往中国购买茶叶的人。看似合理的否认理由总是存在。中国人对此表示抗议，但被英国人忽视了。他们告诉中国人，这与英国政府或东印度公司毫无关联。美国商人也实施了相似的方案，只不过他们出口的是来自奥斯曼帝国的纯度较低的鸦片。

到 19 世纪 30 年代的那 50 年间，英国将鸦片的出口增加了 1000 倍。中国政府采取了一系列努力，试图遏制这一毁灭性"瘟疫"，但均以失败告终。最后，他们采取了极端的措施，一把大火焚烧了一年的鸦片供应，并逮捕了涉及其中的英国人和中国人。自此，战争爆发了。在第一次鸦片战争中，英国战舰摧毁了中国的防御工事，迫使中国政府做出屈辱的让步，其中包括支付巨额赔款和割让香港岛。最后，厦门、福州、宁波和上海[①]成为"通商口岸"，中国人也支付了额外的赔偿款，中国海关被迫接受英国的监管。

从19世纪中叶开始，中国就开始经历可怕的破坏与动荡，其中包括太平天国运动和义和团运动，这与当时的情况不无关联。霍布豪斯提出："中国，这个艺术和手工艺品、设计、创意和哲学的宝库，惨遭掠夺，白人国家的收入则呈现出数年的增长。可以说，为了一壶茶，中国文化几乎被摧毁殆尽。"[82]

针对上述说法，其他历史学家也提供了他们的看法。他们指出，中国国内生产的鸦片多于从国外进口而来的。之所以从事鸦片进口，是因为中国市场的需要以及中国商人之间的博弈。英国虽然强化了这种渴望，但并没有强迫中国人购买鸦片。到了19世纪末，中国国内生产的鸦片已经差不多取代了外国进口。然而，即便我们接受这些观点，也无法改变茶和鸦片之间关联紧密的事实，亦无法否认，正是英国人对茶的渴望，才致使鸦片战争的出现以及产生了后续一系列的影响。

具有讽刺意味的是，鸦片战争只是进一步凸显了茶叶贸易的脆弱性，并让英国更加依赖中国这个生产者。作者爱德华·布拉玛（Edward Bramah）告诉我们："1822年，英国皇家艺术协会（Royal Society of Arts）提供了50基尼[②]的奖金，奖励那些能

---

① 还有广州，史称"五口通商"。——编者注
② 英国旧时金币，1基尼相当于1.05英镑。——译者注

够在英国西印度群岛、好望角、新南威尔士或东印度种植和制备最多中国茶的人。然而，这笔奖金始终没有被领取。"[83] 竞争加剧了紧迫性。荷兰人在爪哇成功建立了一个足以替代中国茶的加工基地。此外，1833 年，英国议会终止东印度公司在中国的垄断地位。竞争的大门就此敞开，巨额利润可能会随之而来。但是，中国茶的地位能否被取代？茶树在印度能否成功生长？本身已经低到令人难以置信的中国劳动力成本还有继续降低的空间吗？两份详细的报告探讨了这一问题，解释了支持这一决策的理由。

1828 年，印度总督本廷克（Bentinck）勋爵成立了一个委员会来调查这个问题。他选择了商人和植物学家来负责这件事——其中最著名的是纳撒尼尔·沃利奇（Nathaniel Wallich），他负责调查加尔各答的植物园——并向他们展示了沃克（Walker）先生发给他的一份报告。

相比于他们尝试过的其他植物（如山竹），茶树更易移植。问题在于中国人的抵抗。外国人不被允许进入中国，即便进入，也只限于在广东，"在那里，英国人看中国很像是中国人看英格兰……如果只是在沃平（Wapping，伦敦的码头区）的话"。他承认，"众所周知，中国是地球上最强大的国家"，因此可以强制执行其有关外国商品进口的严格规定，但他也指出，欧洲的武器技术要先进得多。

沃克先生列出了一些数据，强调茶叶曾是一种奢侈品，但现在已经成为英格兰每个人的饮品，"普通人将其视为日常餐食的一部分"。政府每年从茶中获得 400 万英镑的税收，足以显示有多少茶叶自中国流出。然而，人们知道茶叶在其他地方也可生长和种植。他提醒总督，五十年前从缅甸传来了布坎南·汉密尔顿（Buchanan Hamilton）的报告，其中就描述了景颇人部落用篮子将茶叶带到平原地区的情况。

茶，就像所有山茶一样，喜欢生长在山坡上的砂质土壤上，印度有很多这样的地方，但"东印度公司并没有很好地对其加以利用"。我们可以从加尔各答或东印度群岛找中国人来监管茶叶的种植和加工。印度人因其"安静的习惯"以及每天只需两三便士便能生活的能力，成为这项工作的理想劳动力。东印度公司希望为当地居民提供"一些合适的工作"。最重要的是，如果不再从中国购买茶叶，东印度公司的收入将会增加。

这份文件使本廷克信服，并且沃利奇博士起草了一份有关该植物的报告。他指出，茶树喜欢潮湿的山谷和河岸，这没有问题，但他还建议可以在喜马拉雅山脉、库马昂山脉（Kumaon hills）、古尔瓦尔（Gurwhal）、德拉敦（Dehra Dun）和克什米尔（Kashmir）的坡地种植茶树。为此，茶株需要先在一个温暖的育苗场所培育一段时间，然后再移植到一处每年至少有六周霜冻或积雪的地方。

没有任何迟疑，茶叶委员会决定派遣一位名叫戈登（Gordon）的成员前往槟城和新加坡，如有可能，还有中国，以获取信息、寻找茶树并聘请中国人。戈登随行带去了一份供荷兰人回答的问卷。问题包括爪哇茶区降雨量有多大？是否有雾？下雪吗？有没有树木可以遮风挡雨？肥料和灌溉情况如何？工人们的工资有多少？他们的饮食是什么样的？茶箱是如何制作的？

荷兰人似乎很愿意回答，戈登则寄回了一份报告。在爪哇，荷兰人拥有超过 300 万棵茶树，但他们发现很难让中国人移民，因为他们对大海感到恐惧。然而，"他们可以采取强迫手段"，这在印度不是问题。

不过，这一论点还能以更为宏大、更为利他的说法来表达。将茶叶生产从中国转移到印度不仅对英国有巨大好处，也对印度人有益。塞缪尔·鲍尔在 19 世纪 40 年代的陈述中就为我们呈现了相关的论点。

> 英属印度及其附属地的人口估计为 114430000 人。假设这些人都像中国人一样喝茶的话，这将给主要依赖农业资源的国家带来新的劳动力需求；这将使新的、无利可图的以及其他未被占用的山地土地得以开垦；这将激发其加工和制备的工业活动；以及它将引发对工业新而间接的需求；最后，最容易忽视但非常重要的是，它将为政府开辟新的税收来源——所有这些因素都如此重要。因此，印度政府日益关切大规模种植茶叶的事宜便显得不足为奇。

他还提到，如果饮茶在印度普及，

> ……我们不禁认为，引入和采用蒙古人使用的茶汤形式，佐以酥油和干粮，不仅可以为其清淡饮食提供提神醒脑之物，而且可以补充相应的营养；而

茶水……将大大有助于舒缓身心、促进健康和节制欲望。[84]

其他人也以类似的方式写下了这些观点，包括茶叶探险家罗伯特·福特尼（Robert Fortune）。

> 如今，茶在英国及其广泛的殖民地已经几乎成为生活的必需品，其大规模、低成本的生产是一项极为重要的诉求。但对印度的居民来说，这种产品的生产将具有极大的价值。当时贫穷的帕哈里人或山地农民，几乎没有基本的生活必需品，自然也不可能有奢侈品。他们在地里收上来的粮食都因没钱而无法被运往最近的市镇，更不用说能够赚取足够的利润来购买生活必需品和简单奢侈品了……如果能将其中一部分土地用来种植茶叶，那么他将有一种有益于健康的饮品可以享用，且这种商品还能在市场上呈现出极大的价值。这种产品体积小、价值大，运输成本微不足道，因而他们有办法让自己和家人过上更加舒适和幸福的生活。[85]

唯一的问题是，茶叶应该在哪里种植，以及应该如何改进种植方法并从中营利。他们在极为偶然的情况下找到了一个解决方案。一个新的、能够由他们掌控的茶叶生产地点突然落入了英国人手中，而这个地方很快就成为世界茶叶生产的中心。

第七章

绿色黄金

1824 年 3 月 13 日，英国人将枪架在大象身上，从加尔各答缓缓出发，准备夺取阿萨姆。

他们并不着急。这个遥远且看上去毫无回报价值的王国不久后将属于他们，那时，缅甸人已经被驱逐出去。东印度公司的军队在占领时几乎没有遇到什么麻烦，因为缅甸人受到了霍乱的摧残，他们的军队不堪一击。根据 1826 年签订的《杨达波条约》（ *Treaty of Yandabo* ），英国占领了所有缅甸人曾在印度半岛上占有的土地，以及缅甸领土的三分之一。英国殖民官员、印度总督达尔豪西（Dalhousie）称，这是英国在六十年后彻底占领该国"三次机会中"的第一次。

英国新任委员戴维·斯科特（David Scott）安抚了人心。他告诉缅甸国王及其大臣说："进入你们国家，我并非心怀野心想要征服你们，而是被迫自卫……以剥夺敌人会攻击我们的手段。"阿萨姆人长期以来一直被认为在身体和精神上都不健康（以热病和令人不快的宗教习俗而闻名）。阿萨姆三面环山，居住着粗野的人，因此没能高居东印度公司想要占领的地区的名单前列。尽管是一个商业机构，但该公司实际上是印度的统治者，能够签订条约、组织军事活动和征税。只有当缅甸人在孟加拉地区的边境上与他们发生冲突，威胁到英国王冠中最有价值的明珠时，公司才觉得是时候采取行动了。

缅甸人已经在阿萨姆驻扎了三年，他们并不修建防止洪水泛滥所需的重要堤岸和堤坝，导致农作物损失惨重，霍乱和其他流行病使征服者和被征服者都付出了惨重的代价。缅甸人可能不太舍得离开。据说他们翻山越岭回到自己国家时带走了三万"奴隶"。阿萨姆本就人口稀疏，现在就更为稀少了。

新政府在阿萨姆面临的问题是如何治理这个地方：是保留国王的地位（如果是这样的话，保留哪位国王），还是继续他们在印度的做法，干脆吞并这个地方。他们最终达成了妥协：年轻的普兰达尔·辛格（Purander Singh）可以拥有上阿萨姆（尽管税收相比后者较少），东印度公司则接管下阿萨姆。他于1833年4月加冕，并获得了19响礼炮礼。支持他的一部分人黯然无声地观看这一加冕仪式。他每年要向东印度公司缴纳5万卢比的特权费，这是英属印度价值最高的贡品。他还需要为道路建设或军事行动提供适时的协助。

公司显然在前几年已经意识到了这种情况——实际上，在导致缅甸介入的王朝斗争中，公司曾乐意向各方提供武器，甚至曾一度提供了一小队士兵，但总体来说公司有其他需要忙碌的地方。它对这个东北边界唯一真正的兴趣是将其作为通往中国的通道。关于阿萨姆的边界，每个人都不太清楚，因为它从未得到妥善定义，但大家都知道，这里有连接中国西藏和云南的通道。

寻找一条通往中国云南及其他地区的巨大市场的东北通道，是英国人的心愿。他们曾通过拉达克（Ladakh）进行了探索，但因俄罗斯和法国在这方面的阻挠并未成功。印度总督沃伦·黑斯廷斯（Warren Hastings）对此感兴趣，将茶树种子送给他在不丹的使者乔治·博格尔（George Bogle），让他将这些种子和其他有用的贸易物品带入西藏，作为一个可能的进入点。在旅程中，博格尔绕过了阿萨姆的一个角落，并描述了自己看到的婆罗双树林、水稻、芥子、烟草、罂粟和棉花。

他满怀热情，认为对于英国人进入的任何异议，都可以以"考察"名义来解决。一旦进入之后，事情就变得容易了。"进入阿萨姆仅几个月后，部队士兵就可以得到财富和供给，无须动用公司的财政资金。"不幸的是，缅甸国王占据了进入中国的大部分山脉和通道。甚至在早期阶段，这已经成为英国政治考量的一部分，认为他迟早会被罢黜。

阿萨姆此前从未被征服过。在 13 世纪，缅甸人撤离时经过的胡康河谷（Hukawng Valley）吸引了一些流浪的掸邦人，他们一波一波地建立了一个王国，几乎没有遭到任何阻碍。他们将其命名为"金色花园王国"，因为这片土地沿着壮丽的布拉马普特拉河展开，河流众多、水草丰茂。另一个名字叫作"蚕茧饲养王国"，因为当地有着广阔的森林，可以养蚕。每个阿萨姆妇女都知道如何纺织精美的丝绸，这是她们嫁人前必须学会的手艺。

统治者在山谷引入了水稻种植技术，使得水稻产量在五百年间都很不错。阿洪王朝实施宽容政策，演变出一种与山地部落和遥远表亲和谐共处的方式。当莫卧儿帝国被这个偏远王国丰富的木材和成群的大象传说所吸引后，曾试图入侵，但败给了阿萨姆一直持有的武器——丛林、沼泽和热病。

除了一种商品——盐以外，阿萨姆能够做到自给自足，无须和外国人交涉。看到英国人在孟加拉的所作所为，这里的人对他们充满戒备。他们沿边界设立了一系列防卫森严的海关，以防止商人越界。商人们在边界与小规模的士兵部队一起扎营，经常彼此争吵，从事一些小生意。东印度公司掌握了盐的经营权，这是唯一真正具有价值的商品。

后来，金色花园王国开始衰落。王朝内部的纷争削弱了中央政权，爆发了叛乱和侵略行为。当有一方请英国人来帮助时，总督康沃利斯（Charles Cornwallis）勋爵将此视为进入禁区的机会。他派遣了韦尔什（Welsh）上尉带着三个连的印度士兵前往，并给出了指示："要竭尽全力创造机会，去获得精确的测量数据，并获取有关人口、风土人情以及和国家贸易、制造业、自然产品有关的一切信息。对我们而言，一定要和这些国家始终保持着最为友好的联系。"

韦尔什上尉出行时带了一名医生，一些铁匠、军械工、消防员、木工和英国士兵。想要为远行考察队寻找医生并不困难，而且需要治疗的白人患者很少。这位名叫约翰·彼得·韦德（John Peter Wade）的医生职业生涯比较曲折，他一开始在马拉塔战争的军队中服役，但他最为重要的资本是与贝拿勒斯的驻地总代表弗朗西斯·福克（Francis Fowke）之间的友谊。福克是一位极富有的鸦片和钻石交易商，他的父亲是塞缪尔·约翰逊（Samuel Johnson）的朋友，与伦敦东印度公司的董事们关系密切。

韦德的薪水有 300 卢比，算得上相当不错。面对这个未知的国家潜在的机遇，他感到十分兴奋。他写信给福克说："阿萨姆虽不是钻石之地，却是金粉之地，对工业和贸易来说更有利。"而且，"今天我们将进入一个几乎没有欧洲人踏足过的王国"，因此竞争会很少。有福克作为朋友，他意识到印度四处都暗藏着巨大的财富，即使是最不积极的人也可以在东印度公司的庇护下捡到便宜。事实上，当韦尔什上尉帮国王复位后，他做的第一件事就是谈判一项商业协定，授予东印度公司对盐贸易的独家控制权。韦德告诉福克，他希望在这件事上获得一笔费用，金额大约为 15 万卢比。

还有其他不菲的收获。当韦尔什上尉将叛乱分子赶出国王宫殿后，他在里面发现了价值 10.5 万卢比的金银。按照"惯例"，韦德被任命为战利品的代理人之一，他在没有征求许可的情况下和其他人瓜分了这笔财宝。他们还注意到了黄金和罂粟，要求加尔各答送来"几船盐和鸦片"作为贿赂。他们错过了生长在茂密森林中真正的绿色黄金。一棵不起眼的树，开着白色的小花，茶叶并不张扬。似乎有很多更有价值的树——柚树、檀香树和可以养蚕的芦荟。然而，就在他们中间，悄悄生长着一种让英国人在签订《杨达波条约》后欣喜若狂的植物。

对韦尔什和韦德来说不幸的是，新上任的总督约翰·肖尔（John Shore）爵士取代了康沃利斯勋爵。肖尔取消了这次远征考察，不赞成这种掠夺行为，认为这不属于暴风雨中夺取战利品的范畴。他不想再干涉阿萨姆的事务：他们必须自己解决他们的国王问题。

在这个时候，一位名叫罗伯特·布鲁斯（Robert Bruce）的人出现了，他是为数不多在阿萨姆建立自己生意的商人之一。他先是为一方工作，后来为另一方工作，最后受雇于缅甸军队。他的兄弟查尔斯（Charles）也在那里，担任一艘英国炮舰的舰长。他们是康拉德（Conrad）笔下的那类冒险家。他们也是让英国人世世代代富裕起来并改变阿萨姆的自然、社会和经济面貌的见证者。

最初，阿萨姆人民对《杨达波条约》和新的统治者都表示欢迎。考虑到当下一团糟的局面，他们不得不对英国人也表示欢迎。然而没过多久，他们就发现自己就算从缅甸人那里逃脱，也只会再度跳入英国人的火坑。十年后，加尔各答的总督府被严厉批评道："迄今为止，我们对阿萨姆的治理情况可谓非常糟糕……这个国家一直在倒退，村庄在衰败，税收每年在下降。""种植户有明显陷入贫困的倾向，并逐渐变得沮丧，人口大幅减少，政府本可以从中获得丰厚收入的资源也被严重影响……并浇灭了人们对统治者的感激之情。"

根本原因在于这份"丰厚的收入"。先前，阿洪王朝采取的税收方式较为宽松，即以劳务或农产品支付税款，如今，这种方式被一支名为"地主"的军队所改变，他们携带着对文盲农民而言完全难以理解的文件对他们进行征税。他们测量了之前被忽视的地区，并对一切可见之物征税，包括槟榔树、淘金活动、捕鱼行为和森林。这些税项必须以现金支付，在一个一贫如洗的国家里，这很难办到。

拉贾斯坦的商业放贷者——马尔瓦利人，看到了在这些动荡的金融形势中捞一笔的机会。于是，一种这样的体制逐渐形成：农民将自己的农作物交给马尔瓦利人，后者则提供现金支付税款。绝望的家庭在征税点出售他们的财产成了常见景象。征税人员和马尔瓦利人都有很多机会进行敲诈勒索和贪污，而且很少错过。大量人口开始离开此地涌入不丹和孟加拉，不过也有大批孟加拉人进入阿萨姆，这才没有使得这里的人口流失殆尽。

阿萨姆的大地主为数不多，马尼拉姆·德万（Maniram Dewan）便是其一。他写过一封饱含痛苦的信，形容当时的情况就像"生活在老虎的肚子里"。他起初支持英国人，但随后发现利润颇丰的土地交易只会提供给欧洲人，与他无关，他就变得怨愤和幻灭了。此外，英国人打开了以前严密守护的边境，使得孟加拉人不断涌入，在似乎没有主人的土地上定居，这也让马尼拉姆感到不悦。孟加拉人因饥荒而绝望逃离至此地，他们比阿萨姆人工作起来更加努力。他们的存在从一开始就引起了当地人的反感，并且他们的到来使得社会经济问题和种族混乱（他们信奉伊斯兰教使得这件事更为严重）持续了多年。

根据东印度公司的说法，那片被指定为"荒地"的森林没有主人。英国人准备以非常低的价格出租雨林，但每次只租出一百英亩的地块，这让阿萨姆农民无法接受这一"慷慨"提议。他们也无法解释这些土地不是荒地，也不是无主之地。事实上，这些土地由每个村庄集体拥有，划定得很清楚，是当地经济的重要组成部分。森林里的竹子在当地人的生活中用途广泛，其中的木材可以生火。此外，人们在森林中采药、放牧、饲养大象、挖墓地，采制染料、虫漆、蜂蜜、香，还采摘养蚕用的树叶。

即使英国人没有清理森林，他们也禁止村民前往拾柴。英国人将村民的任何贫困诉求都视为大多数阿萨姆人懒惰和吸食鸦片的结果。他们禁止阿萨姆人种植罂粟，但自己可以种植。东印度公司为生产鸦片开辟了大片土地，并用栅栏围起来，派人看守。公司的人多次努力寻找东北方向的通道，并携带鸦片作为贿赂用品。

傀儡国王普兰达尔·辛格从未有过做主的机会。当茶树被发现时，英国人意识到他们不该将茶叶生长的地区交给这样一个错误的人。专员认为他是一个"贪婪的守财奴"，于是毫不犹豫地废黜了他。他的儿子参加了马尼拉姆·德万的叛乱，从此，这个曾经强大而能干的王朝再无音讯。甚至连他们的坟墓都被洗劫一空，而且这可能是他们自己的穷亲戚所为。

处理完山谷地区后，东印度公司随后开始将注意力转向环绕该国的三面山脉，这些地区人烟稀少但居民皆充满战斗精神。19世纪民族主义者对部落民族的态度是可以预测的，他们自己苏格兰高地的族人就通常被描述为野蛮人。在他们中没有高贵的野蛮人，苏格兰和东方都是如此。这些部落居民肮脏、好斗、狡猾、异教和幼稚。在划定阿萨姆土地边界时遇到藏缅语系山民的第一批白人这样看待他们："卑鄙，野蛮，他们的人肮脏不堪""野蛮和丑陋至极的面容""烦躁不安，诡计多端""粗鲁而奸诈的人"。

可惜的是，如此多山地居民生活在对英国至关重要的国家一角里。一位勘测员将其描述为"大自然恩赐的伟大商业之路""却任由它无利可图地躺在密不透风的丛林中"，唉，但是"其水晶溪流盛产金粉……其群山蕴藏着宝石和银矿，空气中弥漫着野生茶的芬芳……它可以被改造成一个丝绸、棉花、咖啡、糖和茶的花园，绵延数百英里。"人们一致认为，这个伊甸园是无主之物，住在那里的人类居民更像是动物，要么灭绝，要么寻找其他丛林去生活。

然而，山地居民的情况不容易忽视，因为他们中的许多人就位于通往中国的路线上。首先，必须在山区和平原之间划定界限，为此政府动用了勘测部门。这些勘测员兼任间谍，部落人民对他们充满怀疑，有时甚至要砍掉他们的头。除此之外，山民对山谷的袭击也扰乱了税收征收，而税收是新政府的主要任务。

新任专员及其助手对于阿洪人关于突袭的松懈态度很是不满。沿着边界一直存在着一处名叫"波萨"（posa）的无主之地，那里的部落成员每年都会下山进行勒索——每家每户要交出一些布料，作为回报，他们将不再进行袭击。波萨土地上会定期举行集市，山地居民将棉花、蜂蜜、象牙带下山销售，平原居民则将大米和盐带上山。总体而言，情况还算和谐。出于不同的原因，山地居民和平原居民互相看不起。英国则看不起他们所有人，但对待山地居民更加谨慎。将大型火炮拖上山和穿越绳桥相当困难，而且还要解决劳工运输食品和设备的问题，这意味着这些人更难以征服。实际上，有人曾提出可以建立常备的苦力军团。英国人还考虑将罪犯用作苦力，但在像阿萨姆这种重罪案件很少的地方，罪犯数量非常有限。

除了干涉税收，英国人对于每年成群结队来到波萨土地上索要布匹的野蛮人也不太在意。应该采取什么措施呢？沿边境修建一整排堡垒吗？即使在当时，要阻止阿波尔人、米什米人、达弗拉人、那加人和其他部落的人溜进来，也是昂贵且困难的。为了给局势带来某种秩序，同时也为了显示谁才是主宰，他们划定了界线，派出了惩罚性的远征军，提出要签署条约。其中一个阿波尔酋长拿到这些条约后，竟然将其吃掉了。1835年至1851年，仅针对那加人就派出了十次远征。随着茶园沿着边境不断扩大，遏制他们变得至关重要。

然而，这些远征耗资巨大，达尔豪西勋爵认为这也是徒劳的。他下达命令说："我们应该把自己限制在自己的地盘上，不要插手这些野蛮人的恩怨和争斗……如果他们变得麻烦，就严格禁止他们进行任何交流，无论是出售他们的东西还是购买他们想要的东西……这比通过声明公开吞并他们的国家或通过部分占领实际吞并他们的国家花费更少、更公正。"达尔豪西是一位非常擅长吞并领土的人，他认为应该在山上划一条分界线，将所有无法无天的部落都限制在这条分界线之后。另一些离此较近的人则计划让传教士加入贸易商队，越过山丘进入中国。"这样一来，当嫉妒的官员们将外国人拒之港口之外时，他们就可以在帝国的中心传播基督教了"。

在起初十年时间里，专员戴维·斯科特一直忙于收税和建立第一个山间驻地乞拉朋齐（Cherrapunji），他本人也在那里生活直到去世。他对这一地区和其他地区的收购合法性存疑，但没有人对此提出异议，除了那些被剥夺财产的小王公们。

阿萨姆交通不便、河流多变、森林危险，但所有这些负面因素很快就会被遗忘。查尔斯和罗伯特·布鲁斯兄弟在此地定居，娶了当地女子为妻，并在旅行中偶然发现了一种植物。这种植物改变了阿萨姆、印度，甚至在某种意义上改变了世界。然而，在阿萨姆发现野生茶树后的十年里，他们没有采取任何进一步行动。加尔各答植物园的专家们收到了戴维·斯科特（之前他在曼尼普尔也发现了一些野生茶树）寄来的标本，他们回应说，这虽然是同一科的山茶属植物，但不是中国品种。

与此同时，布鲁斯兄弟俩在与山谷边缘部落的交易中都发现了他们确信为真的东西。罗伯特·布鲁斯说，他先前与一位酋长达成了购买协议，他把这些种子交给了他兄弟，他兄弟又把它们交给了戴维·斯科特。斯科特在自己的花园里种植了一些种子，并把一些寄给了加尔各答的沃利奇博士。他向沃利奇保证说："这里的缅甸人和中国人都说这是野生茶种子。我有一粒比送来的种子更完美的种子，但现在找不到了。它的形状与《不列颠百科全书》中的插图一致。"

后来，他找到了那颗难以捉摸的种子，并把它和其他种子一起放在一个锡盒里。种子对植物的鉴定至关重要，但沃利奇并没有因此而信服。然而，阿萨姆轻步兵团的查尔顿（Charlton）中尉却对此充满热情，并与农业和园艺协会取得了联系。他描述道："苏迪亚的当地人有饮用干叶泡水的习惯……干叶具有中国茶叶的气味和味道。"不过当局仍然没有做出任何反应。

1835年1月，当戈登先生还在中国时，茶叶委员会从阿萨姆得到了一个令人振奋的消息。总督的代理人詹金斯（Jenkins）少校和查尔顿中尉送来了他们在上阿萨姆发现的茶叶报告，并附有茶树叶子和果实样本。这一次，沃利奇有了新鲜的种子来进行检验，他终于可以确定这就是真正的中国茶树。詹金斯说："茶树在这个国家到处都能找到，在我们管辖范围内的比撒省（Beesa）景颇地区无疑就有这种粗放的品种……它到处野蛮生长着……从这个地方到中国的云南大约有一个月的路程，我听说那里广泛种植这种植物……我想它肯定就是真正的茶树了。"去云南的路上长满了茶树。他们还能要求什么呢？

事实上，詹金斯和查尔顿早在六个月前就非常确定，他们在公司边界的景颇人地区发现了这种植物的"粗品种"。查尔顿曾亲眼看到景颇人将茶叶碾碎，煮沸后挤压成团，制作出一种基本的茶。他甚至向加尔各答寄了一罐处理好的茶，但直到种子运到，沃利奇才被说服。

随后人们欣喜若狂。这一发现"是迄今为止在与这个帝国的农业和社区资源有关的问题上最重要、最有价值的发现，"茶叶委员会欢呼道，"从阿萨姆的萨迪雅到中国的云南都产有茶叶"。虽然云南不在他们的控制范围之内，但马上就可以着手开通一条通往云南的道路。

人们开始提出越来越疯狂的计划。詹金斯建议派两三个"能干的中国人"越过帕特凯（Patkoi）山脉进入云南，在那里招募更多的同胞前往阿萨姆种植茶树。人们似乎普遍认为，只要是中国人，就会自动拥有种植茶树的技能。一想到那些"无边无际无用"的丛林和山坡可以养活三四百万人，詹金斯就开始滔滔不绝起来。随后的问题便是怎样将这些丛林和山坡清理出来，不过周围的"掸族殖民地"人就可以做这项工作。

英国人被这一令人兴奋的愿景冲昏了头脑，不再理会全世界其他地方。现在谁还关心里约热内卢，圣赫勒拿岛又在哪里？戈登被召回伦敦。5月，当查尔顿寄来的茶叶样品送到沃利奇的办公桌上时，他认为虽然有些发霉，但味道不错，比常驻缅甸大使伯尼（Burney）上校送来的"缅甸"茶要好得多。

与此同时，三位专家——沃利奇和两位博士格里菲斯（Griffiths）与麦克莱兰（Maclelland）于 8 月出发，去看看他们还能在阿萨姆找到多少茶树。查尔斯·布鲁斯将与他们会面；他们三人对这个国家、语言以及与当地统治者打交道的礼节一无所知。他们花了四个月的时间才与查尔斯会合；布拉马普特拉河的洪水减缓了他们的行进速度，但他们至少没有被困在沙洲上，要知道被困沙洲在寒冷的天气里很常见。尽管乘坐大象、牛车、独木舟或徒步旅行困难重重，但对这两位植物学家来说，这一定是一次难忘的经历，数十种以沃利奇或格里菲斯命名的树木和植物就很好地证明了他们发现新物种时的喜悦。

然而在东部上阿萨姆地区，他们取得了巨大的收获。格里菲斯记录了这次探险的日志，回忆了他们抵达一个景颇人村庄的情景，他说那里的人"强壮、出色、自由、轻松和独立"。阿萨姆东部的景颇人带着他们四处参观。1 月 16 日，"我们放弃了之前的计划，展开对茶叶原产地的考察"。他们在丛林中跋涉了一段时间，然后突然发现了茶叶。这种植物的生长范围很小，大概只有三百平方码……得益于其地理位置，我们幸运地看到其既开花又结果……它长得高大而纤细，树冠——至少是小树的树冠，往往非常小而且长势不佳。大树则很少见。事实上，它们都被景颇人砍光了，因为景颇人和所有其他本地人一样，挥霍而目光短浅。

不过，这些本地人能够展示他们处理茶树叶子的方式，这也是他们所掌握的第一份真正的制茶信息。格里菲斯写道："我敢肯定，他们只用嫩叶。他们在一个非常干净的大铁器中烘焙或半烘焙这些茶叶，在烘焙过程中搅拌茶叶并用手揉搓。烘焙结束后，将茶叶放在太阳下晒三天，接受露水和阳光的交替洗礼。最后将其装入竹筒，并将其塞紧。"

在茂密的丛林中又探索了一段时间后，他们来到了河边，这里野生茶叶丰富，而且"肆意"生长，这种情况对附近的植物而言简直是灾难。事实上，这里是第一个实验园的所在地，并在时机成熟时被"吞并"。四十年后，当曼尼普尔的政治官员说他打算为自己种植一些茶叶时，国王恳求他不要这样做，因为如果种植成功，他的国家就会像穆托克（Muttock）人的国家一样，很快被"吞并"。

沃利奇和麦克莱兰返回加尔各答报告他们的发现，格里菲斯则动身前往缅甸。当他与英国驻缅甸宫廷的贝菲尔德（Bayfield）博士汇合时，他们又发现了一种不同的茶树，"这种茶树与我迄今所见的茶树的区别在于其叶子较小，质地较细"，但所产的茶叶苦涩。当地中国人"谈论丛林茶时，坚称它无法制成优质的产品。他们提到了许多有价值的品种"。话语间，他们对这种植物的浓厚兴趣显而易见。

在沃利奇和茶叶委员会安排中国人前往阿萨姆的同时，查尔斯·布鲁斯继续探索，并告知詹金斯他的发现。1837 年 8 月，他写下了一次意义非凡的经历。他带着一个仆人和两个搬运工进入了一个景颇族村庄，与该村的酋长交谈。此前，他们拜访过这位酋长。他向查尔斯保证，这里的茶树不会比他当时告诉他们的多。但此刻，他承认"离他家不远处有一大片茶树"。事实证明他所言为真——但酋长说，这已经是全部了。听罢，查尔斯盘腿坐在地上，抽着景颇人的烟斗，一边称呼酋长为"大哥"，一边在身旁放置着自己的步枪。酋长拿起查尔斯先生的枪，恳求专员也给他一把，因为其他酋长都已经有了。[86] 查尔斯说，如果他能提供更多的信息，他就把枪给他。于是酋长立马带他们去寻找到更多的茶树。查尔斯说服酋长清理丛林，并"准备"一些茶叶。查尔斯觉得这茶与中国茶相比不落下风。回到村子里，在拿出更多的钱和鸦片后，酋长的记忆仿佛被唤醒了，为他提供了更多有用信息。

查尔斯的语言和礼仪知识在他寻找茶叶的过程中发挥了至关重要的作用。1836 年 10 月，他再次冒险进入穆托克地区，即河对岸的摩亚马里亚人的国家，这个部落的叛乱导致了阿洪王朝的衰落。在这里，他发现"善意和一些礼物"就能满足普通部落的人，他得到了"丰厚的回报……他们告诉了他一个又一个茶树林的地点，尽管他们本不被允许提供任何信息"。查尔斯告诉这些人，他是来"为他们的国家造福的……但我认为他们中没有一个人相信我，因为他们对我有强烈的偏见，仿佛被洗了脑一般"。他告诉那里的"酋长"，他会被教导如何加工茶叶，公司将从他手头购买茶叶。因为"他和他所在的国家将从中受益，所以他应该承担清理森林和加工茶叶的费用"。

在该地区，他还有一个有趣的发现。村民们之前一直在开垦稻田，在此过程中，他们砍伐茶树，锄去周围的杂草。两个月后，当他们割稻时，被毁坏的茶树又发芽了。到了 10 月，一些茶树长到了十英尺高。查尔斯将十英尺高的茶树修剪到四英尺，不久后新芽便从剪口下方冒了出来。就这样，他学到了种植茶树的第一课，即修剪后茶树长得更快。他还注意到，茶树在水边生长得最好，所以其未必需要倚着砾石山坡种植。

穆托克王国似乎是首次试种茶树的理想之地。在向这里的"酋长"解释了英国政府"为他的茶叶费尽心机，花费巨大"（从而让他觉得英国政府在帮他的大忙）之后，查尔斯再次承诺，当部落头人学会如何加工茶叶后，公司会向他购买茶叶。查尔斯反复强调，他至少应该自己承担清理土地的费用。他向詹金斯做出了保证，詹金斯又将这一消息传达给茶叶委员会，即如果能说服景颇人，"我们能让整个上阿萨姆区成为茶园"。

1836年10月，阿萨姆出现了第一批中国人。几个月后，六箱制备好的茶叶已经备好，准备送往加尔各答。查尔斯·布鲁斯告诉詹金斯，中国人"对我们的茶树感到高兴和惊讶"，但只有两人会加工茶叶，还需要再招募十几个人来培训学习。后来，他发现景颇人很快就失去了兴趣；他们的工作是清理丛林，但"他们干活过于散漫"。

当地的茶树数量不够，查尔斯不得不派人去先前的地区再寻找其他茶树。在这个过程中，他发现茶树非常适应移植。大约三千棵茶株从它们的故土经历了八天的旅途，在这里安顿下来，大部分仍非常健壮。在一份关于阿萨姆制茶的描述中，查尔斯说："瞧瞧它们适应能力多强。"

　　值得一提的是，首先，派去移植茶株的村民要将茶株连根拔起，然后在将根部的泥土全部除去后，将茶株直立起来放进篮子里。村民背着茶株步行两天后，再将其竖放入独木舟中。此时需要在它们的根部撒上一点普通的土。七到二十天后，村民们和茶株才会到达我们这里。不过，他们还得走半天的路才能抵达事先约好的新种植园。在最后放入树坑之前的四五天里，茶株的根部只有一点湿润的泥土。然而，这些植物长势良好，存活率高，至少大部分都是如此。[87]

沃利奇和詹金斯设想，如果能有"一大批劳工"的话，一切问题就会顺利解决。应该把那些懒惰的阿萨姆人和景颇人（都被认为是鸦片成瘾者）替换成来自"勤快种族"的焦达纳格布尔（Chota Nagpur）人。有了这些人，查尔斯的试验园地每年可以生产两三百箱茶叶，"实力雄厚的资本家们就会参与其中"。然后，他们可以解决劳动力短缺的问题，这也是该行业最大的难题之一。

茶园位处偏远无人之地，周围满是茂密的丛林，林中的野生大象和老虎如蚂蟥和老鼠一般多。待在这里，远离家人，没有娱乐，只有景颇人做伴，这就是当地中国人的生活。但查尔斯·布鲁斯做得很好，在他的管理下，中国人并未在如此高压的艰难环境下逃离或崩溃。

他定期写信给詹金斯，詹金斯则将消息送往加尔各答。信件送到目的地需要几周的时间，因此消息能否准时到达还存在一定的不确定性。然而，布拉马普特拉河的存在对茶产业而言极为重要；它在季风中汹涌澎湃，冬季时流向变化不定，沙岸位置总是出人意料。对位于内陆的阿萨姆来说，这条河是一个便利的进出通道。相比之下，爪哇的荷兰人就得用牛车将茶运过崎岖的山路才能到达港口。

　　查尔斯给詹金斯写了一封信，详细描述了中国人如何制作和加工茶叶，这也是当时英国人了解到关于茶叶加工最好最准确的描述。查尔斯说，首先要将茶叶采摘下来。采摘时，用食指和拇指将四片嫩叶从灌木丛中拈下来。采摘后，这些嫩叶会被撒在篮子里，在阳光下晒干，用长竹竿上下推动，助其脱水。晾干后，将其放入室内冷却半小时，然后放入较小的篮子里，用手拍打十分钟，再放回篮子里，整个过程重复三次。直到叶子变得像软皮革一样。

　　随后，将茶叶放入热的铸铁平底锅中，在竹火上加热。焙烤到一定程度后将茶叶取出，小心地摊开，迅速用手翻动，然后放回火上，这个过程重复三到四次。之后，将它们摊开放在桌子上，分成堆，每一堆都单独处理，滚动以挤出汁液。这个滚动过程非常微妙，其技艺在于"要将茶叶揉成一个球，让叶球做圆周运动，允许它在手中旋转两到三个完整的圈子，然后将手臂完全伸展，迅速将叶子球拉回，不留下任何叶子，在这种方式下滚动五分钟"。每个阶段的处理都要轻柔，接下来，双手举起揉好的茶叶，让它们从张开的十指中间轻轻落下，从篮子里拿出树叶时要拍打树叶使其松动。如果有叶子直接掉入火中，可能会引起烟雾。篮子绝不能放在地上。

　　当茶叶半干时，将其放在架子上，第二天再次焙烤，直到达到一定的脆度，然后再放入较大的篮子里。随后，将其放在"文火"上继续焙烤，经手指测试，当脆度完全合适时，再将茶叶从篮子中取出，穿着干净的袜子将其在盒子中踩实。干净、精细的操作（尤其是手指上丰富的经验），以及准确进入每一阶段的时机，都彰显了第一批教授茶叶加工技巧的中国师傅的重要性。虽不知为何，但他们的确已经掌握了一种方法，科学家们后来对此进行了仔细的研究、检查、测试和实验，并撰写了相关的书。多年来，第一批种植者一直在使用查尔斯的方法；对他们中的许多人而言，这是他们所掌握的唯一真正有用的信息。

1837 年，来自阿萨姆的茶叶制品给英国驻印度总督留下了深刻的印象。不过，尽管查尔斯工作得力，并于一年后提交了一份基于十二箱茶叶的"非常有利的报告"，但对于在哪里以及如何建立第一个实验茶园，各方意见不一。人们仍然普遍认为必须种植中国茶树，于是戈登被派往加尔各答收集更多中国茶株和种子，并将其送往阿萨姆。人们就平原还是丘陵更适合种植的问题仍争论不休。来自库马昂的福尔克纳（Falconer）博士坚持认为，"茶树似乎需要在更寒冷的地方才能生长"，实际上指的就是喜马拉雅山。于是，茶树种子和茶株开始被送往四面八方。

到 1839 年，阿萨姆已经发现了一百二十片野生茶园，但人们仍然偏爱中国茶树，并从混合茶树中培育出了一种毫无新意的杂交品种。直到 1888 年，"可怜的中国茶树变种，阿萨姆的'害虫'"才最终被放弃。在经历了种种失误和挫折后，人们终于意识到，是时候将此事交给私营企业家来操办了。

第八章

茶热：
1839—1880 年的
阿萨姆

阿萨姆人并没有被征询意见，他们的土地被出售给外国人，大片森林被成千上万亩长满尖叶子的绿色茶株代替，而其中的利润则流向加尔各答和伦敦，这似乎有些不合常理。实际上，他们的表面默许与这个国家的性质和内陆状态都密切相关。阿萨姆人拒绝协助茶产业，尽其所能不参与茶园工作。他们不愿让妇女饱受日晒雨淋，只为赚取微薄的收入。在不景气的年头，阿萨姆人并不会像印度其他地区的人民那般食不果腹。其他地区绝望的人们涌入阿萨姆，打乱了社会平衡，抬高了商品价格（尤其是大米的价格），在这般情况下阿萨姆人按理该改变之前的想法。但实际上他们并没有。

阿萨姆人的优势也成了他们抵抗新来的统治者时的劣势。他们没有强烈的种姓归属观念；国家统计报告显示，阿萨姆人虽然有种姓这一说法，但主要体现在职业分工上，有些种姓的地位较高，有些较低。阿萨姆人中没有贱民，也几乎没有受封建思想束缚的人。这里没有机制来进行集体讨价还价或对所发生的不公的事情进行坚实的抵抗。阿萨姆人过着相对无犯罪、无严格种姓制度和自给自足的生活，但他们逐渐看到自己被欧洲人、孟加拉人、马尔瓦利人和锡克教徒排挤到一边。他们能做的很少，也正因为如此，人们对他们颇有微词，认为他们懒惰且没有骨气。从政府的角度来说，这无足轻重；而对茶园主而言，这着实令人恼火。

调查员和探险家带着测量仪器，怀揣可观的报酬，被派往山区，在那里划定了虚拟的界线，将山区居民隔离起来。也有其他勇敢之士带着十字架和药品，冒险前往。山区部落充斥着万物有灵论者，他们的目的是抚慰邪灵。因此，传教士们备受鼓舞，因为人们认为皈依基督教会使部落走向文明。

1839 年，阿萨姆的出租事宜开始变得明晰，有意于寻求出价最高者，而此时，一个名为"阿萨姆公司"的团体站了出来。一群商人于 1839 年 2 月 12 日在大温切斯特街聚会，讨论此事。他们提到，"野蛮人"（指英国人）不得不离开中国，另寻茶叶来源。他们认为，茶叶贸易在英国人看来是在最"屈辱"的情况下进行的。相比之下，在印度，当地劳动力价格低廉，茶叶加工特别适合阿萨姆人信守的和平生活习惯。因此，对当地的商人来说，茶叶是"巨大的利润来源，也是极其重要的国家事务"。

为此，当时当地成立了一个临时委员会来对茶叶生产进行调研，并要求东印度公司提供有关生产方法的信息。市面上对这一企业的股份申请远远超出了可供分配的数量，后来，这个茶叶生产项目启动，实际入股或承诺入股的资金为 12.5 万英镑。查尔斯·布鲁斯向茶叶委员会[88]提交了一份报告，于 1839 年 6 月在农业和园艺学会上宣读，这可能在一定程度上宣传了阿萨姆的情况并激发了人们的热情。在报告中，他描述了他所发现的所有不同茶叶种植区域，并坚持认为唯一需要的就是更多的劳动力："当我们拥有足够数量的制造商，使他们存在于每个地区或花园时（就像中国那样），我们就有望在生产成本方面与那个国家相比；甚至我们可以，也应该以低于他们的价格进行销售。"

查尔斯的报告中包含了许多有关天气、遮阴、湿度以及如何存放茶叶的有用信息。他描述了烧毁丛林以清理土地的过程，茶树会在灰烬中欣然生长。他建议鉴于劳工问题，应将茶叶送往英国进行加工处理。"先跟随中国人学习一年，然后凭借英国人的智慧来处理机器滚动、筛选和清洁茶叶等事宜……如此这般，穷人也能品尝到纯正的绿茶……"

查尔斯还列出了对成本和利润的预算。10个茶园能带来23266卢比的年利润，因而1000个茶园将是2326600卢比①。当然，这取决于能否获得足够的劳动力，但不用担心，一些孟加拉人在得知有机会获得一定工资和土地来养家糊口后，可能会涌入阿萨姆。查尔斯将阿萨姆人的冷淡归因于他们的鸦片成瘾，"这可怕的瘟疫已经使这片美丽的土地人口减少，将其变成了一个遍布'野兽'之地，并使阿萨姆人由优雅的族群堕落为印度最悲惨、奴性、狡猾、没有任何自信的种族"。

在这般积极预测的鼓动下，投资者忽略了有关劳工问题的警示，成立了一家股份有限公司。公司设有双重董事会，分别位于伦敦和加尔各答；加尔各答的董事会负责雇用总监和一些初级员工、招募劳工、聘请中国茶叶制造商以及建造一些船只。公司设

---

① 原文为23266000卢比，实则有误，此处应为2326600卢比。——译者注

有三个部门，其中一个由查尔斯负责，另外两个由其他人负责。1840 年春季，东印度公司三分之二的试验园地免费转让给了阿萨姆公司，租期为十年。

尽管英国人可能对中国人有所轻视，但也不得不承认，懂得如何制茶的只有中国人，他们必须被吸引到阿萨姆来。阿萨姆公司四处搜寻新加坡、巴达维亚 ① 和马来西亚的华人，第一批华人于 1839 年 11 月从槟城抵达。这些以及后来的华人都由年轻的助理陪同前往阿萨姆，但从一开始就被贴上"麻烦"的标签。

其中一批华人非常难对付，以至于在河流上半途被解雇，被抛弃在最近的城镇接受施舍。阿萨姆公司董事会描述了这种情况："他们花费巨大代价雇用了几百名华人，派他们去阿萨姆……这些人的人品非常糟糕。他们既暴躁又固执，且贪得无厌。"这些人似乎对公司雇用的其他工人造成了伤害，因此他们的合同被就此取消，除了那些最有经验的制茶工人和踏实肯干的人，其他人通通被解雇。英国人似乎还痴心妄想，认为中国人无论多么贫穷、绝望或无知，都知道如何种植茶树。他们似乎没有意识到，愿意受雇的人可能并不是懂得种茶的人。

回到伦敦后，董事会很快就发现事情没有按计划进行。他们花了几个月的时间与当地员工进行沟通，但预期的利润并没有出现，他们对此感到非常困惑。资金源源不断地投入进去，但它们都去了哪里？1843 年，董事会成员依然在股东面前摆出一副若

---

① 今印度尼西亚雅加达。——编者注

无其事的样子，声称"信心不减"；但私下他们非常沮丧和焦虑，派出了"一位德高望重的绅士"J. M. 麦凯（J. M. Mackie）前去调查此事。然而，这人并没有帮上大忙。在调查过程中，他不得不骑着一头大象，以每小时三英里的速度走完公司方圆百余英里的茶园，因此当他回到加尔各答时，已经病得写不出报告了。

随后，公司从加尔各答派出了第二名调查员亨利·莫内（Henry Mornay），他是阿萨姆公司的副秘书长，当时已经在加尔各答工作了好几年。他严厉谴责了当时的情况，高呼改革迫在眉睫。看到杂草丛生、未清理的土地和茶树的悲惨状况后，他感到震惊。他立即降低了劳工的工资，并在农闲时解雇了部分人。由于他自己和加尔各答董事会的所有成员都参与其中，因此他没有向上汇报这一事实——茶园主无论老少，都在利用公司的劳动力、大象、船只和时间，占用开垦出来的土地，从而建立并经营自己的茶园。难怪阿萨姆公司的茶园萎靡不振、每况愈下。

情况还在持续恶化，到1847年时，只要有人愿意购买，阿萨姆公司就乐意出售土地。实际上，大片土地已被清理，但其中许多尚未种植茶树；茶树中一半是中国茶树，另一半则是当地的茶树。因缺乏劳动力和疏于管理，许多长出的茶叶都无人采摘。1845年的一份审计报告如是写道："公司在英格兰拥有以下资产，即在英格兰银行的现金余额为100英镑，在威廉姆斯公司（Messrs Williams and Co.）的现金余额为624英镑6先令3便士，有库存小额现金171英镑4先令2便士，以及面额总值为35英镑的邮票。"与规模较大的公司相比，这些金额简直微不足道。

后来，人们在回顾这灾难性的几年时，冷静地评估了出错的原因。小片的野茶树林被拼凑成茶园，但这些茶园地处偏远，人员安排和劳动力安置成了问题。由于地处丛林，蚊子很多，众人都患上了疟疾。令人遗憾的是，适合茶叶生长的地方——温暖、潮湿和部分遮阴——也适合昆虫和病菌生长，但显然不适合欧洲人以及从干燥地区来的印度和中国劳工。公司员工和劳工的宿舍所在的空地上蒸汽弥漫、臭气熏天、积水严重，既没有卫生设施，也没有干净的水源。痢疾、霍乱、伤寒、蠕虫病等肆虐。方圆几英里都没有医生。

　　大象也喜欢这里的气候，这倒是件好事，因为人们很难找到大象的替代物。大象能够开垦土地、搬运物资、驮茶园主，是起初将茶叶箱运到河边的唯一运输工具。刚开始，一头大象可以运6 箱茶叶；后来，一辆大象车可以运 54 箱。相比之下，两个苦力却只能抬一个箱子。规模较小的茶园会把茶叶运到一个集中点，那里有一家工厂会协助生产茶叶，不过这个“工厂”也只是由几个棚子组成的，其生产都是手工完成的。在最近的河岸，人们将茶叶装上独木舟，运送到布拉马普特拉河后再装上大船。为了改善条件，公司购买了一艘蒸汽船，但事实证明这是一个代价高昂的错误，因为它无法应对变化无常的大河。

　　第一批助手是从印度其他站点挑选的年轻人。人们对这些先驱者的勇气和忍耐力赞不绝口，一些报道还将他们誉为英雄。W. H. 乌克斯在《茶叶全书》（ *All About Tea* ）中写道：“在这里，他远离所有亲友，无缘一切奢华，呼吸着瘴气弥漫的空气，长期浸泡在潮气中使他们精疲力竭。但他们却能忍受这一切。”不过，所有这一切都有补偿。这里的猎场非常壮观，有大型猎物、鹿、野猪，以及各种野鸡、鸽子和孔雀。河中有很多鱼，如果这些助手喜欢鸟儿、蝴蝶或繁茂的花草树木，那他们便会感觉仿佛置身于天堂。

虽然英国年轻人收入微薄，但仍然享受着少有人知的家庭生活：坐拥大别墅，有仆人伺候。他们个人拥有的茶园使得他们相当富有；意外事故和酗酒导致更高级的茶园经理被早早淘汰出局，或是提前退休或是离世，因此年轻人的晋升非常迅速。茶园主和他们在染料、橡胶、咖啡、蔗糖和鸦片等行业的伙伴们一样，在退休时都拥有巨额财富。

伯金·杨（Burking Young）是最后一位来自加尔各答的调查员，正是他改变了阿萨姆公司的命运，扭转了公司的局面，董事会终于可以向股东们宣布好消息。1853 年，公司首次派发股息，此后源源不断。但人们仍然忧心忡忡："野蛮人"始终是个威胁，他们随时会扑上来抢奴隶，或者拦路抢劫运货人的工资。还有一个最大的问题：随着茶叶产业的兴起，成千上万英亩的茶树被种植，需要成千上万的人来采摘茶叶。不过，在整个 19 世纪 50 年代和 60 年代，情况在稳步改善。到 1850 年，阿萨姆已有 50 家私营茶叶企业。1861 年后，坎宁（Canning）勋爵颁布了一项新法律，规定土地可以完全归私人所有，于是茶商们纷纷涌入阿萨姆。

1866 年，阿利克·卡内基（Alick Carnegie）和约翰·卡内基（John Carnegie）两兄弟前往阿萨姆，参与了这场"茶热"。约翰于前一年来到中国，并在中国生活了一年，但他显然对上海并不满意。1866 年 2 月 7 日，他在去印度的船上给父母写信说："我从一个刚从那儿来的人处听说，我未来的住所会很怪异。他说，距离我下船点最近的住处大约有 50 英里远，只能骑大象才能到达那里，听起来着实有趣。"[89]

一周后，他把自己在阿萨姆的地址寄给了父母：戈拉加特的马赞加（Mazengah, Golaghat）。他当时住在加尔各答的威尔逊酒店，刚从家里出来的弟弟阿利克也住在那里。约翰有了一份工作，但他对此并不热衷，他在 17 日给母亲的信中写道："我觉得这个职位并不能给我带来什么好处，因为我得花费两个月的工资才能到达目的地。到时候我们会在库鲁克穆克（Koolook Mook）着陆，大象会在那里迎接我们。"布拉马普特拉河两岸的景色黯淡无光："我们现在在布拉马普特拉河上，两边除了泥淖和丛林，什么也看不到，所以景色没什么可说的。我们看到了成群的鹈鹕和许多鳄鱼。船上的讣告说，今天早上有两个苦力死于霍乱。"前往阿萨姆的蒸汽船拖着平底船，为茶园运送苦力。这些人在途中大量死亡。

对约翰而言，这艘船并不是很舒适。船舱里只有一副"担架"，没有床单和枕头，而且到处都是蚊子，所以他不得不穿着衣服睡在甲板上。船长讲的关于苦力的故事让他情绪很低落。船长说，有一次几位苦力被扔在了河岸上，没人来接他们。他们在那里坐了三天，没有食物，全部发烧了，其中两人死掉了。但"更糟糕的是，我们船上还有其他 500 个苦力，这些人宛如天底下最脏的家伙，他们身上长满了虱子，其中一个昨晚还得了霍乱。然而，事情不止于此""船上没有黑鞋油，因而无法给靴子上油"。他雇来的年长仆人已经抛下家人来到这里，"很难想象，一个人在半小时内就把两三年的家事都安排好了"。从约翰后来的信中可以看出，年长仆人似乎很快又转身回家了。

在约翰启程的当天，阿利克也找到了一份工作。在加尔各答各个机构转了一圈后，阿利克得到了一个令人沮丧的消息："大批年轻人涌向茶园，所有职位都人满为患……头两天我就对这份工作感到厌烦。最后，贝格·邓洛普（Begg Dunlop）公司的邓肯·麦克尼尔（Duncan Macneil）说，虽然当下他的公司没有空缺职位，但如果有其他人生病或死亡（当时热病肆虐），就能够派我去卡查尔（Cachar）。如果我愿意的话，可以一周后就动身前往，每年的薪水是 116 英镑。"

这份工作并没有诱人的前景。他曾考虑在一艘往返中国的英国轮船上找一份办事员的工作，希望回国后能有所收获。但后来，"麦克尼尔想起来，他听说梅尔公司（Mair and Company）的伙计道格拉斯说他的种植园需要一名助手，于是就打电话给他，告诉了他我的情况"。

阿利克匆忙赶到梅尔公司的办公室，他被告知："你不必把这笔钱（每年 150 英镑）看作固定薪水，我们要的是优秀的人才。"3 年后，他便可以从他送去的所有茶叶中获得佣金。他被派往的茶园距离约翰所在的地方只有一天的河路路程，但从加尔各答乘汽船的话则需要两个星期。与他们同行的还有 300 个苦力，有些人得了霍乱和天花，有 59 人在抵达目的地之前就死了。阿利克在航行结束时写道："这里的苦力死了一大片。我来之后就死了 3 个人，我也刚来 4 天罢了。"

船抵达后，梅尔公司的经理——25 岁的马丁先生牵着一头大象前来迎接阿利克。船上的三个欧洲人在一个当地人的团里度过了第一夜，河岸上的苦力负责看守，防止他们逃跑。第二天，他被告知要把三天的衣服和被褥交给大象上的驯象师，并得到一匹马，以便帮助把苦力们赶往不同的目的地。

"驱赶苦力的工作糟心极了，我们骑着马前后跑来跑去，赶着他们。"这画面并不美好：男男女女经过骇人听闻的旅途，刚刚来到一个陌生的国度，就要像牲口一样被赶往悲惨旅程的终点。他们挤在一艘没有卫生设施的船上，每周都约有 20 人死去，尸体从船上被抛入河中。

阿利克的处境还算不错。

> 我和一个叫伯特（Burt）的年轻人住在一起，他是这个茶园的经理（庄园里有十个不同的茶园）。我将和他住在一起，待到我懂一些当地的语言（会一点就够了），并且了解简单的种植知识后，就将被派到一个茶园担任经理。他们现在正需要一位经理，因为两个月前担任该职务的人死于热病。伯特是个非常好的小伙子，伦敦人，只有 19 岁，身高 6 英尺 3 英寸。

他在信中写道："相处得很好，我很高兴，非常喜欢这里的生活。"尽管他在船上发烧了，而且要接替一个患同样疾病去世的人。他还写道，"在船上的头两天，我被蚊子折磨得非常痛苦"，他当时并不清楚蚊子与发烧之间的联系。"我的窗帘没有挂好，我的脸部、手部和脚部在之后的很长一段时间里都惨不忍睹。如果被叮咬的地方被抓破，它们就会溃烂，长成大疮。这里一位办事员的一条手臂因为被蚊子叮咬而截肢了，他的手臂溃烂，疼痛难忍……我后来恢复得还算不错，但手上被叮咬过的地方留下了几处很大的痕迹。"

至于平时的日常，"这个地方对靴子的要求很高，其他方面倒无所谓。我们平时穿白色长裤、衬衫和夹克（无领）、绑腿和大靴子。如果天气潮湿，我们就必须穿上高筒靴，以防止水蛭钻进靴子里"。这里的天气确实非常潮湿："下个月就要开始下雨，并且要持续五个月，整个国家都泡在一英尺深的雨水中。路上泥泞不堪，天气也炎热难耐。"

好的一面是，虽然他在加尔各答雇的仆人一直没有出现，但"我有一个非常好的小伙计，他什么都做，伺候我用餐，给我洗衣服……给我切烟丝，只要我需要，他会帮我穿上每一件衣服，虽然所有的黑奴仆人都会这么做"。还有一些意想不到的事情。"有一天，我很惊讶地看到两个苦力在地上拖着一个死了的苦力的脚后跟。我问伯特他们要做什么，他说他们会把他拖到四分之一英里外的丛林里，放在那里，豺狼会在天亮前把他吃掉。"

在4月4日写给妹妹的信中，阿利克谈到了更多关于苦力的事情。

> 我现在是丛林里的孤家寡人，宛如黑奴世界的国王。算上妇女和儿童，我手下大约管理着450人，其中大多数人的行为都很古怪。他们总是生病，我是医生，治好了一些患有痢疾和脾病的人，他们都有或多或少的

脾脏肿大。我手头有一大堆药品和处方，每天早上都要给他们中的很多人服用蓖麻油。我有一张关于有效治疗脾病的药方，也治好了很多皲裂和痢疾。虽然有两人还是死了，但在这里，死人再寻常不过，所以他们也没多想。

这里不仅经常死人，还有很多人为此潜逃，让人倍感不安。

三天前的凌晨一点，我被7个苦力逃跑的消息吵醒，于是当时在这里的经理派他的仆人骑马去驻地。他不得不带上我的装满子弹的枪，以驱赶老虎、熊和豹子晚上从茂密的丛林中出来，在路上或者说在人行道上乱窜，因为那里除了一条路以外没有其他路，而那条路离这里足有10英里远。今天早上有4个苦力被抓了回来，他们被监工痛打了一顿，下个月要干双倍的活，至少我今天是这么说的。但大约一周后，我会让他们和其他人干同样数量的活。苦力逃跑可真是让人头疼。

阿利克显然不是一个苛刻的主人，他对待苦力更像是对待顽皮的孩子，而不是犯错的人。

"这里没有教堂，"他在给妹妹的信中写道，"除了驻地那里有一位德国牧师。据说他在当地居民中经常散布谣言，造成了很多危害。"至于阿利克，他也不是诸事顺利。

　　最近，我在看病方面不太顺利。今天早上，一个老人和一个女孩被抬到门口，他们都病得很重，我让他们服了药，以为能让他们好一些，但他们还是在一小时之后死了。我看到两人的尸体被抬到树林里，今晚豺狼可以在那里大吃一顿了。老人的死亡对我们来说可能损失不大，但女孩在采摘茶叶方面很出色。她的父母在来时的路上便死在了船上，她是外来的苦力。

他还写道一些轻松愉快的话题：

　　这是一个极其美丽的地方，一年四季树木长青，从未有过树叶掉光的时候。远处，高高的山丘上树木丛生。天气晴朗的时候，你还能看到喜马拉雅山被白雪覆盖的山顶，这是世界上最高的山脉。第一次看到它的时候，我还以为是云，因为你根本想不到世上竟有如此宏伟的山脉。

　　……这里总有许多美丽的鸟儿飞来飞去。松鸦的翅膀呈蓝色，在阳光下美丽极了；还有许多翠绿色的鹦鹉，长着绿色的尾巴和红色的喙。我用枪射杀了两三只，因为这些鹦鹉的尾羽是清理烟斗的好东西。

　　他的弟弟约翰也很活泼乐观。他与斯塔布斯（Stubbs）先生合住在一栋平房里，那里有一个小"工厂"，他负责茶室的分拣和包装工作。他认为自己已经改进了分拣方法。"我的枪给我们提供了很大的帮助，我们一直靠我打枪得来的产品——十一对半鸽子，还有一只他们称之为'牛排'的鸟——生活。"一位猎场看守人带来了野鸡和鹿。我们的平房里堆满了鹿皮和鹿角，鹿角被我们用来制作挂钉。

约翰既没有钱，也没有家具、桌布、床单或毯子，他连盘子和锅都要向斯塔布斯借。但他有一个计划。"有两三个茶园主很穷，他们很乐意用茶叶和我换钱。"他说。"约翰·格兰特的 1000 英镑可以用来做这笔生意。"不过，他后来再也没有执行过这个计划。

然而不久后，约翰和阿利克的快乐就消失了，因为两人都染上了热病。5 月中旬，阿利克病得很重，被转移到了一个相对不那么偏僻的茶园。阿利克认为，"如果我在这里病倒的话，就不能再过去了，因为道路不通"。因此，公司安排了一位已经适应当地气候的茶园主前往该地，将他安置到一处离驻地仅有 9 千米的地方。然而，加尔各答梅尔公司董事长的来访又让他高兴起来，"他来看看我的工作进展如何，他对此感到非常满意"。如果一切顺利，他每个月还能多拿 100 卢比，约合 12 英镑。"我进了一家很棒的公司。"他向父母如是保证。

如果说前封信安慰了父母的话，那么约翰在 5 月 26 日写的下一封信必然又让他们忧心起来。他的这封信写得很晚，"因为我和邻居们一样，病又复发了。今天是我头一回能够起床坐两个小时。昨天我病得很厉害，我的同事斯塔布斯也因痛风、发烧和胃痉挛而卧床不起"。

更令他沮丧的是，他还欠着公司 1472 卢比的债务，"这让我很头疼，因为我不知道该如何逃离债务的魔爪。他们说，他们不要钱，只想用这个牵制住我。恐怕这是阿萨姆最苛酷的公司之一了。想要离开公司，就得支付 1000 卢比的路费，就连每个月只能挣 250 卢比的医生也得遵守这一规定。在这里哪怕你想预支 200 卢比的工资，都算是欺诈行为"。他的不满不胜枚举。他不得不支付在加尔各答的旅店费用："我还得支付租借马匹的费用，当时我需要去看医生，但医生自己也没有马。马赞加距离这里有 9.5 英里，现在正值雨季，近路到处都很泥泞，而且还需要绕路……"相比之下，阿利克就幸运得多，他说自己没有欠债。

他打算去看望阿利克，"但可怜的斯塔布斯现在病得很重，如果他明天还不能好一些的话，我就不去了。因为把一个病重的人留在距离有医生处九、十公里远的地方，实在太可怕了。如果你病了，医生也只能大概一周来看你一次，而且你也不一定有力气给他写便条，因为通常医生只会在收到你的便条后才会前来。斯塔布斯之前独自一人生活了一年，因而对这样的生活已经有点习惯了。他懂一些外语，故而能和人们聊天消磨时间。然而，对我而言，我天生喜欢社交（医生认为缺乏社交是我的患病原因之一），如果总是一个人待着，我很快就会死掉，即便没有染上疾病，也会抑郁成疾"。

> ……今天上午我的脑子宛如一坨糨糊，一会儿说阿萨姆语，一会儿说孟加拉语，当然这也是因为我懂得太少。来到这里的两个半月时间里，我有五周时间都卧病在床，因而我只能勉强让别人听懂自己表达的内容。我

第一次生病是在 4 月 14 日, 现在已经是 5 月 26 日。我养的小豹子——也许不是豹子, 不管它是什么品种, 都活蹦乱跳, 跟着我在平房里到处跑。起初, 它又咬又抓, 非常吓人, 我把它的指甲都剪掉了。由于它会咬人, 我只能把它头朝上, 脚后跟着地, 让它失去知觉, 这是我对付这种野兽的唯一办法。我觉得它还不到一个月大, 因为它还不吃肉, 当然我指的是煮熟的肉。它还会舔牛奶……如果阿蒂 (Atty) 看到我用奶瓶喂老虎的话, 她一定会哈哈大笑……我把它放在背上, 给他拿了一瓶牛奶, 用羽毛把瓶塞捅透。它勇敢地吸着牛奶, 吃得肥壮, 它是个聪明的小家伙……我先前狩猎得到的虎皮现在已经被加工完毕, 坚硬如铁。

看来这只幼崽的母亲已然被杀害; 老虎和豹子经常被混淆。这两种动物在当时较为常见, 但食蚁兽却不常见: "这种动物非常罕见……它属于犰狳种……被斯塔布斯射杀过, 这种动物的皮毛很适合制作脚凳。"

这是约翰写的最后一封信。尽管他病倒了, 且对自己的治疗情况感到痛苦, 但仍能从养的小豹子身上收获乐趣。如果说之前的信让父母担心不已, 那么阿利克 6 月 12 日写的信更令人忧心忡忡:

亲爱的母亲, 请原谅我之前没有给您写信, 因为我一直在间歇性发烧。我想我现在可能已经好了, 因为之前我每隔两天就会发烧一次, 按照这个规律, 今天本该发烧，但实际上并没有。我之所以能够康复，是因为我期待已久的汽船终于到来了。今天早上，船载着约翰来到了我这里——真是令人害怕的变化！在过去的六周时间里，他一直身患丛林热病。他总是盖着毯子躺在病床上，每天下午四点都会发烧并伴有抽搐，非常可怕。他被抬上了汽船，在途中度过了九天，在这里他被安排得尽可能舒适，但这无法掩盖他病重的事实。医生刚刚离开他。他说他必须去加尔各答，登上开往沿海港口的轮船。给他看病的医生说，除非立马退烧，否则他在这里根本活不下去，也没有其他办法能够治好他的病。最大的问题是，他没有足够的钱，而我也只能支付他前往加尔各答的费用，无力负担他的伙食费等。我大约有 10 英镑的钱可以给他，但我会尽力帮他筹到更多的钱。马丁在这个房子里见过很多人的离世，他说约翰的元气已经消耗殆尽，可能不久后的某天晚上他的生命就会像蜡烛一样熄灭。他直截了当地说，约翰活不过这个雨季。

阿利克接着写道：

对此我感到非常难过。他所在的公司肮脏龌龊。他们不允许他离开，而如果他不走，就必死无疑。我也不想告诉你们这个坏消息，但我真的没办法。我现在没事了，很快就会再回到丛林里去。我的手现在还不是很灵活，请原谅我字写得不好。

收到这样一封信，加上几个月都没有约翰的消息，这对其父母而言必然压力巨大。阿利克的最后一封信是 10 月 17 日写的，当时他刚收到父亲 8 月份写给他的信。信中提到，他那家不错的梅尔公司似乎遇到了麻烦，但他听说公司还能继续运转数月。他对于公司不明朗的前景，并未多言，而是描述了一年中最重要的节日——杜尔加女神节（Durga Poojah）："苦力们在此期间有了短暂的自由，但他们仍不能离开工厂，因为如果他们离开，就很容易逃跑。我现在没有多余的人手，所以禁止任何苦力离开。几天前，我给苦力们送了一箱朗姆酒，他们每人能分上几瓶。"

不曾想到，这竟然导致了一场酒后闹事：

> 他们要打我的厨子。我的厨子自己没有喝醉，但和大约二三十个喝醉的苦力吵了起来。我很快制止了他们的争吵，但短时间内却无法从中脱身。他们开始向我敬礼，并发誓一定会对我唯命是从，说我是一个非常好的"老爷"（Sahib）……他们喝得越醉，敬礼就越少，恭维话就越多。我真的很讨厌节日时这些苦力的吵闹。

他也不喜欢为庆祝活动捐钱，就像 4 月他非得为舞者和鼓手的聚会捐钱一样。

> 我仍然每天都发烧和抽搐，但症状比之前轻多了，我希望自己能彻底好起来。我每天下午都要发病三个小时，而且发病后还不能吃东西，真让人受不了。我想，

引起我发烧的原因可能是自己下雨天经常睡在潮湿的床
上。下雨时，平房里所有的东西都会变得潮湿，就像将
其置身于晨露中一样。我睡觉的时候，床垫不仅是潮湿
的，而且是湿透的。我的平房里没有火炉……刚才我又
有抽搐的迹象，所以我不能继续写下去了。

就在这种充斥着希望的悲观情绪中，这封信结束了。这封
信的附言中提到，阿利克正在期待着一个"盒子"，因为"要是
能在这里打开盒子，简直太棒了"。他还说："请帮我问一问约翰
那里有没有多余的榕树，我这里很缺榕树。"这便意味着约翰也
许搬到了印度其他地方。两个年轻人在过去六个月的时间里写了
14 封信，从信的内容中不难看出，他们身处一个与世隔绝而又充
满疾病的封闭世界，但同时也可以享受猎杀野物、欣赏美景的乐
趣，以及宽敞的空间、仆人的伺候所带来的舒适。

这些信还揭露了茶园的整个结构。这就像是一座金字塔，底
端是成千上万的"黑奴"，整个系统的运转都依赖于他们。英国
政府（现在取代了东印度公司）位于金字塔顶端，因为其"拥
有"阿萨姆，故而有权将土地分给任何想要的人。而在当时，能
够分到土地的几乎全是欧洲人。

在英国政府之下的是茶叶公司，它们在伦敦和加尔各答都有
代理人，负责把年轻人引向空缺职位。这些人安排（但不支付旅
费）年轻人前往印度和中国，但似乎去了也只能受雇于一些声誉
欠佳的小型茶叶公司。年轻人在加尔各答工作时，他们与具体的
公司签订合同。这些合同中提到的待遇并不优厚，但暗示他们有

"福利"和快速晋升的机会，因为一旦上司去世或者退休，机会就会落到他们身上。公司对工作的健康风险会坦诚相告，但对于将年轻人送往薪水微薄却通常会早死的地方这件事毫不在意。

在欧洲人之下，还有为数不多的本地医生、职员和店主（也是放债人），他们填补了管理人员和劳动力之间的空白，后者其实就是苦力，这些人都来自国外。在卡内基兄弟与父母通信的那一年，有四万多名苦力被送到这里。而在茶热期间，疯狂的投机者在这里大肆砍伐树林，开辟大量茶园，苦力们就在这些茶园里工作。虽然许多茶园很快就倒闭了，但劳动力会被转移到经济更为稳定的产业中。在茶园主眼中，苦力总是被视为会工作的动物，被认为没有选择权或个人需求，甚至其组建家庭的渴望都被忽视了。

约翰和阿利克对工人不冷不热，谈不上爱恨。他们从未质疑过这些苦力被征集并运往上游的条件，也从未质疑过他们居住的简陋营房，他们的水源为何是泥泞的溪流或池塘，以及为何他们的归宿是成为豺狼的食物等。"他们很容易死去"，约翰在信中这样写道，仿佛这是一种遗传缺陷，仿佛黑人天生就如此。如果他们逃跑，被追回后用鞭子抽打他们就好。这种态度多年来几乎没有改变。即便"苦力"一词被认为是粗鲁无礼的，茶园主仍然认为他们的苦力工人是下等人。

帝国就像一个摸彩箱，每个人都可以将手伸进箱子里摸奖品，保证会得到奖赏，运气好的话，还能得到丰厚的回报。但实际上，事实要残酷得多。这两个年轻人能否活到未来，都是个问题。

然而，早在卡内基兄弟抵达印度之前，伦敦政府就对阿萨姆的局势感到不安，于是成立了一个委员会，"调查前往阿萨姆和卡查尔的苦力的情况"。委员会询问了公司、招工承包商、汽船上的乘客以及阿萨姆军团的军官。

委员会还询问了薪水的问题。大多数情况下不存在专门的合同规定工资，只有一家名为卡查尔公平（Cachar and Equitable）的公司制定了一份合同，并要求苦力在上面按手印。合同上写着："我知道我的薪水为每月 4 卢比，我同意按照合同上的要求来进行工作。我明白虽然我有望通过合同中的工作来获得加薪，但我必须为此努力工作才行。"来自焦达纳格布尔、比哈尔等地的农民压根无法"理解"或"同意"任何书面东西，尤其是用英语写下的内容，也不可能理解什么是"nereik"——这是经理布置的一项任务。

雇用劳动力的做法如下：茶园主向招工承包商诉说自己的需求，要求对方提供足够数量的劳动力，后者找齐劳动力后通知茶园主。然后，茶园主在加尔各答的代理人就会去苦力集中点，与承包商商定将苦力送往上游。茶园主会根据在产茶区下船的苦力的数量（其中包括死在途中的苦力，但不包括中途逃跑的苦力。很自然地，招工承包商会将中途逃跑的人数算进途中死亡的人数里）一次性地向招工承包商支付酬金。

委员会参观了加尔各答的一处苦力集中点。"有人指给我们看一个方形的地方……据说这是苦力们唯一的住处，一个几英尺见方的小屋，即将完工。这处地方就像一个半干的小水槽，被周遭的人弄得污秽不堪。我们无法想象还有比这更令人厌恶的地方……我们听说，每年都有很多苦力在这里染病而死，看到这个场景后，我们便觉得没什么奇怪的了。"这一切都是一个臭名昭著的承包商所为，委员会来此地之前，他就卷铺盖跑人了。

与之相反的是一位欧洲人本纳茨（Bennertz）先生。他为苦力们提供了"又好又多的棚屋"、独立的饮用水和洗澡水、"精心挑选的饮食和衣服"，以及一名常驻的本地医生。不过，他似乎只是例外。抓捕苦力的人被视为邪恶的绑匪。当地幼儿园会用他们的名字来吓唬孩子："乖乖听话，不然抓捕苦力的人就要来抓你了，把你抓到阿萨姆去。"

承包商会给苦力们送去食物和衣服，并派"小工"（peon）或监工看管他们。然而，监工也加入了这场肮脏的争夺战，他们把准备卖给苦力的大米卖给汽船船员。他们为苦力提供的衣服（也许是一些卖不出去的存货）穿在身上又热又不舒服。委员会对那些欺骗每个人的原住民下属进行了评论；据说因为没有厨师，苦力只能吃生米；没有给苦力安排合格的医生和卫生的登陆地点，比如阿萨姆公司的一个登陆点便是如此——"那里卫生条件堪称可怕，矮、潮湿、瘴气弥漫，而且连遮蔽物都没有"。

委员会发现当地的问题可谓不胜枚举：不对船只进行检查；死亡人数越多越好，因为承包商可以借此索赔，这样就可以少养活一些人；用于养活苦力的物资一上岸就会被卖掉；晚上，运送苦力的平底船被绑在汽船的一边，完全不透气。

一位接受委员会访谈的医生对医疗实践一窍不通。这位医生认为"隔离霍乱病人从来没有任何依据，只是出于最模糊的假设"，病因是"有毒物质和空气"。他坚称，为了逃避检疫限制，各地都会有苦力上岸，这是有一定道理的。

接受委员会询问的一位茶园主"大胆反对"政府制定任何新的法律法规。他承认，他看到过很多憔悴不堪、身患疾病的苦力仍被送上船，他和他的伙伴在船上确实开始了"人道主义行为，将奄奄一息的人从船上赶走"。委员会建议进行改革，但无人采取任何行动。

即便如此，委员会六年后出具的报告还是令人不满。劳工们就像许多猪羊一般，被"到处兜售，交给出价最高的人"。麦克纳马拉（Macnamara）医生说苦力集中点就宛如"传染病区"，苦力倘若要离开，一定要进行消毒。他们在到达这些地方之前，已经忍受了七个小时的火车车程，途中只有几分钟的休息时间。

船上所谓的卫生设施其实就是"靠近船尾处两侧的两个或两个以上的隔间，每个隔间里有两个蹲位，前面有一个松散的挡板"。这种供多达一千个苦力在三周的航程中使用的简易厕所就在厨房和牲畜圈旁边。携带饮用水的命令被"系统性地忽视"，苦力们只能喝河水。

委员会传唤了一些证人：一位来自贝格·邓洛普公司的证人说，他们在一年内用三艘蒸汽船运送了13895名苦力，其中586人死亡。一位名叫威廉姆斯的先生承认在过去的四年里，苦力死亡率有所上升，并建议应该在承包商"雇用苦力将其转给他人以获利"的地区进行强制性医疗检查。另一位证人说，招工机构"带着苦力在全国各地游荡，试图从中获取最大的利益"。他本人也是一名承包商，坦言他们对苦力的需求是无法满足的："我现在就有一个需要1000名苦力的单子。"他对苦力所处的条件很不满，认为应该允许苦力每晚能够上岸，"以便锻炼锻炼身体或做些别的事情"，同时也该让苦力们每周喝上两次朗姆酒。

　　三位医生为船只肮脏不堪的事实提供了证据。苦力们晚上就在甲板上"方便"，但这并不奇怪，因为厕所周围没有栏杆，人们在黑暗中很容易落水。抵达时，苦力们"没有毯子，衣衫褴褛，看起来很可怜"。一位种茶人福布斯（Forbes）先生承认，在他从国外引进的 100 名苦力中，几乎每个人都险些在途中或抵达后死亡："内地的苦力一路上没什么问题，但一到茶园就病倒了。丹格（部落）的苦力在旅途中病恹恹的，但到了茶园后就生龙活虎起来。"他和委员会诉说着苦力的情况，就如同在讲述茶株的移植一般。

　　三位医生中的奥尔纳特（Allnutt）医生也认为"邋遢"的丹格人健康状况更为堪忧，并表达了对妇女和儿童不卫生行为（比如儿童不断在甲板上排便）的厌恶。如果让他们上岸，他们就会跑掉，所以他别无选择，只能把他们留在船上，不管他们有多脏。船长比较仁慈——他认为登陆点应该为苦力们设置棚屋，并且为那些在旅途中幸存下来的人准备一些朗姆酒。

　　在列举了这些无能、腐败和残忍的行为之后，委员会一如既往地提出了建议：苦力应该用专列运送，行程不得超过四小时；承包商应该有执照，合同由收工地区的地方行政长官会签；地区的民政医生应该定期检查工人的身体状况，以确保他们能够正常工作和长途出行。当然，只有绝望的人才会因为收成不好或霍乱来袭而离家出走，他们的健康状况可能并不乐观。

　　每一批苦力都应由茶园主派专人负责照顾，而不是任由承包商的小工摆布。应该像在毛里求斯一样，向汽船船长支付"人头费",以鼓励他们改善运输条件。应该由蒸汽船船主而非承包商提供食物。霍乱患者使用过的毯子应予以销毁。

委员会最后对茶园主提出了一些尖锐的意见："许多人从未考虑过他们的'棚屋'(居住区)和其他卫生条件。"茶园主并未对卡内基兄弟和类似的患病人员给予应有的帮助。从加尔各答医学院找到合格的助理医生很容易,"欧洲医生的一般薪资就足以聘请他们"。

由于所有建议方案的执行都需要花钱,而且茶园主们又总是抱怨外来劳动力给茶行业带来了"负担",因此直到 1915 年,合同工招聘制度才被废除。

第九章

茶叶帝国

英国人有一根从未被切断的脐带，茶就是通过这根脐带不断流动的。观察他们在突发的恐惧、悲剧或灾难时的反应真是有趣。仿佛他们的心跳已经停止，任何事都无法进行，除非迅速泡上"一杯好茶"。毫无疑问，这杯好茶确实带来了慰藉，并使其心神稳定。真希望所有国家都能如此珍视茶。如果在适当的时候有"一杯好茶"，或者说一个俄式水壶，那么世界和平会议可能会进行得更加顺利。

——玛琳·黛德丽（Marlene Dietrich），

《玛琳·黛德丽的 ABC》（*Marlene Dietrich's ABC*）

要想理解阿萨姆茶叶的快速种植发展，以及印度劳工承受的需要生产更多茶叶的压力，我们就不能不回顾茶在文明发展中扮演的更为广泛的角色。在中国、日本和后来的阿萨姆，茶成了推动帝国发展的主要动力。没有茶，这些帝国的健康和力量就无法得到维持，因此它们对生产茶叶的人施加了巨大的压力。反过来，正是这种财富，尤其是在英国，为茶叶制造的投资提供了支持。可以说，在过去的一千二百多年中，世界历史上四大重要发展，如果没有饮茶，就不可能发生，而这四大重要发展又转而促进了茶的生产和制造。

约公元 700 年后，中国的人口、经济和文化迅猛发展，并在昌明辉煌的宋朝进入鼎盛时期。诚然，当时政治的统一、技术和通信手段的改进都起到了一定推动作用，这些都很重要。然而，值得注意的是，无论经济和政治效率如何提高，如果中国陷入了死亡率上升的常见困境，那么这些提高都将是徒劳的。如果那些生活在人口不断增长的城市、城镇或拥挤的乡村的人饮用未煮沸的水，他们可能会受到痢疾和其他水传播疾病的困扰。在唐朝，茶的广泛传播"可能产生了……深远的影响：用开水泡茶所带来的益处，被认为在延长人们寿命上发挥了重要作用，从而促使中国在 8 世纪上半叶的人口迅速增长——从 4100 万增加到 5300 万人"。[90]

尽管存在水污染的危险，但饮茶可能使人们在历史上第一次大规模地维持了相对健康的人口。此外，这种提神醒脑的饮料很可能有助于中国人从事农业劳动，因为中国农业一度采用集约化种植方法。在最低限度的饮食条件下，双季种植水稻对人体造成了巨大的压力。茶或许能够帮助人们应对这种压力。我们知道，在中国取得飞速发展的阶段，饮茶得到普及。将这两个现象通过饮茶的提神效果以及降低水传播疾病的风险联系起来，好像也说得通。

在日本，饮茶文化的发展恰好与 14 ~ 17 世纪的经济和政治扩张时期相吻合。在这个时期，日本首次试图殖民亚洲大陆（朝鲜），其人口迅速增长，农业生产经历了相当大的变革。新品种的早熟稻米、新土地的开垦以及更好的农具的使用大大提高了生产力。为了建立和维持这种集约农业，所需的劳动量是巨大的。

茶叶种植对人们的工作方式产生了明显的影响。湿稻种植是一项非常艰苦的工作，尤其是在相对贫瘠、可耕地很少的地方，如日本。在这样的环境下，大型家畜很难帮上忙，而且这项任务本身主要依赖于人力，几乎无法利用风力和水力来完成。在过去，湿稻种植的几乎所有过程都需要人力来完成，如土地的准备、种植、除草、收割、运输和脱壳。即使当稻米收成后，肩挑背扛的陆路运输和推船前行的内河运输也还需要消耗大量体力，而从事这些繁重劳动的人三餐匮乏，且主要以蔬菜为食。茶则为这种繁重的劳动提供了额外的刺激作用。

西方观察家 W. E. 格里菲斯（W. E. Griffis）这般描述道：

> 经过一个辛劳的夜晚，在刺骨的霜冻中划船和行走，我想看看他们是如何吃饭来为第二天的工作补充体力的。船尾有一个小炉子，上面有一个普通的饭锅，旁边是一个盛满米饭的有盖木盒。另一个容器里放着一些腌制的或煮熟的大萝卜（"大根"）片。喝的是最便宜的茶……第一道"菜"是一碗米饭和一双筷子。第二道"菜"，还是米饭。第三道"菜"是一勺茶……第四道"菜"是一碗米饭和两片萝卜；第五道"菜"又是米饭和两片萝卜。一勺茶汤结束了这顿饭，然后他们又重新开始了撑杆工作。[91]

另一位美国观察家伊丽莎白·西德莫尔（Elizabeth Scidmore）注意到了同样的饮茶情况和劳动者巨大的体力消耗。"这些苦力的饮食似乎完全不能满足他们的巨大劳动量——米饭、腌鱼、发酵萝卜和绿茶是他们工作日的主要营养品。他们要靠这些食物来维持强健的体魄，并保持着极佳的工作状态。然而，如果让外来者吃这些东西的话，一周内他们就会变成废人。"[92]

可以想象，如果没有茶，整个精巧的系统将无法运转，而支撑中国和日本的大量劳作背后的体力和脑力运动效率也将无法维持。如果没有这种提神的饮料，以双季稻和三季稻新品种为基础的著名农业革命就不可能实现。

随着茶叶的引进和传播，日本一度成为世界上城市化程度最高、人口密度最大的国家。到 1720 年，日本拥有了当时世界上最大的城市群。在包括了东京、京都、大阪和一些较小城镇的小型城市群内，聚居着超过 200 万人。江户（东京）一度成为世界上人口规模最大的城市，到 18 世纪中叶，居住在城镇的人口占比超过了地球上的其他很多地方。

几乎整个日本都是山地，难以居住。主要岛屿的可用面积很小，大概只有英国一个小县的大小。到 18 世纪中叶，这一地区养活了多达 2000 万人。他们聚居在地势较平坦、生产力较高的山谷中的大小村庄和城镇中。

按理说，这种情况会引起肠胃疾病的高发，因为细菌在人口稠密的城市和农村繁殖最快。然而大量证据表明，水传播疾病，尤其是痢疾造成的婴儿死亡率很低。痢疾发病率低有很多原因，其中之一便是当地人严格注意卫生，会小心地将人类排泄物运到田间作肥料使用。此外，日本婴幼儿母乳喂养持续期特别长，这也在一定程度上使得他们受到了母乳的保护。[93]

另外一个原因很可能就是日本盛行的饮茶文化。在一个拥有 50 多万人口的城市里，无论人们多么小心谨慎，他们都要依赖水井和水闸，而水难免会受到污染。然而，在日本，大人和孩子基本上不喝未经煮沸的冷水。婴儿喝的是母乳，母乳中含有因为母亲喝茶而分泌的抗病毒的酚类物质。断奶后的儿童和成人都饮用开水冲泡的茶。

因此，日本基本上没有大规模流行过阿米巴痢疾和杆菌导致的痢疾。相对来说，日本也没有大规模流行过伤寒和副伤寒等其他疾病。至于霍乱，1817 年从印度传来的第一次世界霍乱大流行只影响到日本西部，1831 年的第二次大流行也没有波及日本。第三次始于 1850 年，直到最后一年，即 1858 年才传入日本。19 世纪后期，霍乱再次流行，爱德华·莫尔斯回忆说："当时人们一口冷水都不敢喝。早上、中午、晚上，任何时候都在喝茶。"[94] 19 世纪 50 年代末，作家、记者兼学者埃德温·阿诺德（Edwin Arnold）爵士目睹了霍乱在印度的肆虐，他评论说："我想补充一点，在这样的季节，日本人长期喝茶的习惯大有裨益。他们一旦觉得口渴，就会去喝茶。煮沸的水让他们很好地规避了井水中的有害物质。"[95]

18 世纪和 19 世纪英国的工业革命将我们带入了一个有更多证据来研究饮茶与经济和政治权力之间关系的时期。

如果人们能够高效地生产资源，特别是粮食，那么人口将几乎不可避免地会增长。人口增长能够提高工作效率。会创造对商品和服务的需求；随着城市中人们的距离越来越近，在他们之间移动物品的成本也越来越低。此外，各种生产流程也可以通过专业化提高效率。因此，随着财富的进一步增加，人口会越来越多。

　　然而，随着人口的增长，那些已经进化出来依赖于植物和动物生存的细菌和病毒也在繁衍生息。其中许多对人类有益，但也有一些会引发疾病甚至死亡。无数微生物已从其原始的动物宿主转变，侵入人体。因此，当人口达到某一关键临界值时，疾病的发生水平上升到一定程度就会推升死亡率，而死亡率升高到一定水平就会结束人口增长。城市，尤其是越来越拥挤的城市，发病率的升高不但让内部人口停止增长，而且还会让从农村迁移到城市聚居区的外来人口大量死亡。因此，人类文明达到了一个僵局或陷阱，理论家托马斯·马尔萨斯（Thomas Malthus）在18世纪后期对此进行了广为人知的描述。死亡率上升到一定程度，进一步的经济增长就会停止。

　　一个近期有翔实记录的例子发生在14世纪的欧洲。在黑死病之后，到了15世纪晚期，大多数国家的人口开始恢复，城市再次扩张，文艺复兴时期和早期科学革命时期取得了巨大的进步。但随后，在17世纪，欧洲的很多地区遭受了一次"危机"，其中伴随着死亡率上升，经济停滞不前。发病率上升到某个水平之后，人口和经济的进一步增长都停止了。同样，在伊斯兰文明中，城市不断扩大且乡村人口稠密，疾病（尤其是黑死病）的发病率不断上升。

　　1650年时，看起来人们似乎都回不到从前低死亡率的世界了。然而，我们知道，当时一定发生了一些前所未有的神秘事件。而且，我们非常准确地知道它发生的时间和地点——18世纪中叶的英国。我们甚至知道，这些神秘事件使水传播疾病的发病率发生了变化。

18 世纪中叶，当时著名的人口学家威廉·布莱克（William Black）指出伦敦的"痢疾和便血性腹泻"开始减少。[96]另一位人口学家威廉·赫伯登（William Heberden）提供了详细的死亡统计分析，证明了痢疾的减少情况，特别是在 1730 年至 1740 年这十年尤为显著。[97]1796 年，他写道，包括"痢疾……在内的几种疾病发病率下降如此之快，以至于它们的名字在伦敦几乎不为人知……"19 世纪初，政治改革家弗朗西斯·普莱斯（Francis Place）评论说："在 17 世纪下半叶，大城市每年会有接近 2000 人死于痢疾；在过去的一个世纪中，其流行程度逐渐减弱，而这种疾病本身现在近乎消亡，不再是一种致命的疾病。据统计，1820 年只有 15 人死于此病"。[98]

是什么导致了这种前所未有的特殊变化？一种解释是，人们对病原体的抵抗力或免疫力不断增强。这种可能性总是存在的，也可以解释人口下降的部分原因。但在如此短的时间内，这不太可能是主要的原因。另一种解释是饮水习惯的改变。

多位当时的专家猜测，茶饮和死亡率下降之间可能存在某种联系。在 18 世纪中叶，苏格兰哲学家凯姆斯（Kames）勋爵思考了为何各种死亡率似乎都在下降的问题。他指出，"在以前，瘟疫、传染性发热和其他腐败疾病在欧洲尤其是大城市中更为常见，这些地方大量的人挤在小房子里，被狭窄的街道分隔开来"。他认为，这种变化主要是由于卫生情况的改善，此外还有新鲜肉类的增多，以及"茶和糖的大量消费——医生告诉我，这些都是不可忽视的‘杀菌剂’”。[99]

在 19 世纪的前几十年，随着人们健康状况的明显改善，一些作家提出这一变化或许是由于人们饮茶所引起的。苏格兰医生吉尔伯特·布兰（Gilbert Blane）爵士写道："茶是英国人民普遍喜欢的饮品，它在某种程度上取代了所有阶层的酒精饮品，这对社会是一大益处……茶在现代的普及可能有助于延长国民的寿命。"更为有趣的是，现代人口普查的创始人、统计学家约翰·里克曼（John Rickman）在 1827 年写道："里克曼先生不确定死亡率下降的原因；如果他能在 1811 年和 1821 年人口普查的‘初步观察’的基础上进一步了解的话……他会将其归因于茶和糖的普及。"[100] 他们两人都无法证明，除了众所周知的防腐特性，茶是如何产生这种效果的。现在，随着我们对茶的抗菌特性的了解增加，我们可以在他们的洞察基础上进一步探索。

饮茶有助于解释 18 世纪穷人营养水平下降和健康状况改善的矛盾现象。茶的营养价值可能不如啤酒，但它却减少了某些疾病的发生。它还对健康产生了积极影响，因为它取代了不太有益健康的饮品，如杜松子酒。杜松子酒粗糙但廉价，在 1720 年到 1750 年被广泛饮用，尤其是在伦敦。尽管伦敦人口迅速增长，但杜松子酒的消费量却从 1751 年前的每年 600 万 ~ 700 万加仑下降到 1760 年到 1790 年的每年 100 万 ~ 300 万加仑。[101] 如果不是突然出现了一种既便宜又提神的替代品，而且还能让人们避免饮用受污染的水，人们似乎不可能如此迅速地放弃杜松子酒。

此外，饮茶的好处不仅适用于饮茶者本人，也适用于与他们生活在一起的人。与中国和日本一样，英国普遍存在母乳喂养的传统，母乳喂养通常长达一年，这意味着婴儿吃的是相对安全的母乳。他们可能得到了更多的保护，因为他们通过食物、接触脏物等途径感染的大多数疾病，都会在他们的口腔和胃中被酚类物质杀死，而酚类物质很容易通过母乳传给婴儿。

在18世纪的英国，正如在早期的中国或中世纪晚期的日本一样——一种新的饮料带来了新的城市文明。人类与微型寄生虫之间的斗争天平短暂地向人类倾斜。由于一系列机缘巧合，由水和食物引起的消化道致命疾病的传播被降到了最低。从19世纪中叶开始，随着公共卫生设施的完善和更安全的水源被引入欧洲城市，人们对茶的需求才逐渐减少。直到那个时候，欧洲大陆大部分地区喝咖啡、葡萄酒和水的人才能在没有茶的情况下进行自己的城市和工业革命。

茶并不是导致工业革命的原因，至少不是促成其开展的根本原因。中国和日本长期以来都受益于茶的保健效果，并达到了非常高的商业文明水平，但几乎没有任何工业化的迹象。然而，在英国，先前依靠风、水和动物来节省劳动力的机械化发展，现在可能步入了一个新的蒸汽动力时代。这需要劳动人口数量和体力的迅速增加。不难看出，这种增长可能是由人们普遍饮茶的情况促成的。在茶出现之前，啤酒是普遍的饮品，并将英国推向了我们在17世纪的荷兰才能看到的商业财富水平。然而，到17世纪末，啤酒生产消耗了英国一半的粮食收成。当人口翻了一番又一番时，英国的所有粮食都得消耗殆尽，并且还要进一步进口谷物，才能为迅速膨胀的人口酿造出足够的啤酒。

大量饮用啤酒可以帮助农业工人和其他从事繁重体力劳动的

人恢复精力。然而，喝啤酒也有其局限性。它经常会让人产生轻微的醉意。它能在短时间内刺激身体，但会使人精神放松，一小时左右就昏昏欲睡，有时还会致人轻度抑郁。相反，茶释放出的额外能量不仅能让肌肉更有效地工作，还能使人精神集中，减少疲劳感。茶的积极作用会持续一两个小时，在第一杯后大约三刻钟达到顶峰，因此非常适合产业工人饮用，而啤酒则不适合。

与快速运转的机器一起工作需要高超的技术和高度的注意力。手织工可以按照自己的节奏工作，也可以休息。而使用机器织布则需要持续不断的关注。兰开夏郡的棉纺厂主似乎不会发放大量的啤酒配给，也不会提倡"啤酒休息时间"。煤矿里也不可能有一桶桶啤酒供人们用来提神。因此，在第一次工业革命期间，当人们的体力或脑力达到极限时，茶就成了不可或缺的饮品。在第一次世界大战中，工厂茶水车得到了广泛的发展，而从19世纪中叶开始，在新的火车站以及后来的蒸汽轮船上也都出现了为乘客提供茶水的摊位。

茶一直是工人们不可多得的放松提神饮品，而且经常大量饮用。我的一位工业家朋友告诉我，20世纪60年代，他曾询问伯明翰一家大型铝板和铝箔制造商詹姆斯布斯（James Booth's）公司的一名工人每天喝多少茶。这名工人算出自己每天要喝17杯茶，越浓越好，而且一定要加牛奶和糖。他说喝茶用的都是搪瓷杯，大约有半品脱的容量。因此，他每天要喝将近九品脱的茶。

诚然，80年后，当法国人和德国人进行工业革命时，他们成功地做到了不饮茶。但那时条件已经发生了变化。首先，与早期的先驱设备相比，机器的效率更高，所需的人力和所要求的工人细心程度也更低。

　　因此，当茶叶在 18 世纪后期成为工人阶级新饮食制度的核心时，它是与劳动需求相适应的。到 18 世纪晚期，工人们将食物预算的 10% 用于茶和糖，而肉类为 12%，啤酒仅为 2.5%。茶与面包和奶酪构成了饮食的核心。白面包在单位价格下能够提供的热量是肉类或糖类的两倍，因此"面包与茶的搭配是收入有限者的合理选择"。[102] 如果没有这种既廉价又温暖的商品为膳食注入活力，很难知道肉类和啤酒的价格会飙升到什么程度。

　　喝茶时加入能补充能量的糖，可以大大增强茶的功效。英国一度成为欧洲主要的糖进口国，这给数百万劳苦大众带来了额外的动力。在西方，茶的功效与糖的故事密切相关。甘甜、滚热、放松、提神，"一杯好茶"成为工业化核心的人类机器的最重要引擎，其重要性或许不亚于蒸汽对非人类机器的作用。正如诸多报告所描述的那样，食物、衣服、住房——所有这些都可能恶化，穷人只能生活在赤贫和恶劣的卫生条件中，但"古老的英国好茶"帮助他们度过了危机，并创造了一个新世界。

　　茶叶贸易和饮茶的兴起与大英帝国的迅速发展和扩张之间是否也可能存在联系？在茶叶出现之前，英国在美洲和西印度群岛拥有一些殖民地，在亚洲东部地区和印度也有一些贸易站。这是 1720 年廉价茶叶涌入英国前夕的情况。一个半世纪后，英国控制着世界历史上最为庞大的帝国，这个帝国的版图包括澳大利亚、加拿大，位于非洲、南美洲和其他很多地区的殖民地，以及"王冠上的明珠"——印度。

对茶叶的需求对商船海军产生了巨大影响，进而影响到皇家海军、商人资本以及银行和信贷系统。它影响了英国商业的发展速度，尤其是影响了通往亚洲的贸易网络的力量。它鼓励帝国向外扩张到可以种植茶叶的地方，尤其是喜马拉雅山和东南亚。因此，茶叶使帝国朝某个方向发展，即向东方和东南方发展。这种转变既得益于中国的拉动，也得益于波士顿倾茶事件后北美的失落。茶叶还为这个贸易国家提供了核心商品。

茶叶对东印度公司的影响尤为重要。东印度公司以胡椒和香料起家，但随着荷兰人对这些商品的强势控制，公司开始专攻另一种轻量级的高价值商品——茶叶。茶叶成为东印度公司最有利可图的收入来源，为公司的扩张提供了利润，帮助公司征服并统治了印度。"它是国家和帝国的强大对手，有权获取领土、铸造货币、指挥要塞和军队、结成联盟、发动战争或媾和，并行使民事和刑事管辖权。"[103] 与此同时，这种权力和财富又进一步推动了茶叶的发展。

有点自相矛盾的是，如果没有茶叶贸易，没有东印度公司的财富和权力，英国人就不可能占领印度。这种联系并不明显，因为直到 1833 年东印度公司失去茶叶垄断权之后，印度才开始商业化种植茶叶。

如上所述，茶叶对英国工业化的促进作用是另一种间接联系。显然，如果英国没有经历工业革命，没有同时发展以钢铁和蒸汽为基础的武器和生产技术，就不可能建立帝国。英国的工业产品需要市场，尤其是最初的棉花。如果它仍然是一个农业文明国家，就不可能实现扩张。因此，茶叶在促进工业、城市和人口增长方面的作用对帝国产生了环环相扣的影响，而帝国反过来又为工业祖国提供了糖、茶叶、橡胶和其他商品。

在帝国、茶叶和海洋之间的联系中，有一个经常被提及的部分，那就是从中国运回茶叶的高大船只的故事。漂亮的快船最初是19世纪20年代和30年代美国造船工人的发明。19世纪50年代，英国人建造了新的铁架船，成为将茶叶运回英国的著名竞赛参与者。于是，令人惊叹的"茶叶快船"逐渐发展起来，它们有了新的干净的船头，可以在海上穿行，船尾的线条更加柔和，宽度与长度的比例大大降低，携带的风帆数量也大大增加。

在蒸汽时代到来之前的几十年里，这些新型船只彻底改变了长途海上旅行。如果我们将19世纪初笨重的往返欧洲与东印度的英国商船（East Indiamen）与19世纪中叶的华丽船只进行比较，就会发现两者之间的巨大差异。无论是早期还是晚期的茶船，都成了英国舰队中最有效的帆船。因为水手们不是被迫上船的，他们上船是因为有利可图：军官和普通水手可以在船上装载"私货"，等回到欧洲再出售。因此，茶船可以吸引到最优秀的水手。

这些快船在相互竞争中不断改进，直到在铁、木、帆布和人的能力所限的情况下，达到了近乎完美的构造。有这样一个故事可以说明这一点：三艘船都是在同一家格拉斯哥造船厂建造的，在同一潮汐中从中国出发。它们彼此相隔数千英里。然而，它们航行得非常好，而且旗鼓相当，在海上航行了许多天后，它们在一小时内相继抵达英吉利海峡的利泽德半岛。

茶叶不仅在海上对英国的扩张具有重要意义。这个幅员辽阔、迅速扩张的帝国的渗透和防卫，在很大程度上依赖于少数英国军官和平民，这些人往往生活在糟糕的卫生条件下。吉卜林描绘的那个世界和英国在印度的统治，能够让我们联想到那一小撮人的生活。当他们坐在世界各地的平房和豪宅里，或在沙漠、森林和山区露营时，他们能喝什么？如果喝当地的水，他们肯定会大病一场。虽然在一些英国人员集中的地方有当地的啤酒厂，但总的来说，啤酒桶过于笨重，在炎热的气候下也容易变质，无法送往帝国所有遥远的角落。从18世纪40年代起，商人、船长和政府官员就养成了饮茶的习惯，他们从18世纪60年代开始管理帝国，他们喝茶吗？如果他们喝茶，这是否会产生重大后续影响？

我们还可能会对他们的本土部队产生疑问。当英国人带着他们的大炮和士兵在全球各地行军，经常击败更强大的军队时，茶叶扮演了什么角色？我们知道，到了19世纪后期，茶叶成为英美军队口粮的重要组成部分，这正是一种健康措施。"兵马未动，粮草先行"，一名士兵能否在正确的时间出现在正确的地点，身体舒适，然后精力充沛、技艺精湛地作战，在很大程度上取决于他的健康状况。因疾病而虚弱的陆军或海军将失去竞争优势，很可能被打败。然而，军队是一大群人，为了吃喝而奔波于乡间，挤在临时住所里，承受着各种巨大的压力，很容易生病，尤其是肠胃疾病，如痢疾、伤寒和霍乱。他们还特别容易感染其他由寒冷和拥挤导致的疾病，尤其是斑疹伤寒。

在早期历史阶段，欧洲军队曾试图通过饮用葡萄酒来应对水污染。但饮用过多的酒会使人效率降低，致人昏昏欲睡和精神萎靡。战斗前饮酒可能有助于战斗，但只能维持几分钟的效果。此外，酒在长途行军中体积大、重量大，往往容易变质，许多人因此患上肠道疾病而倒下。

威灵顿（Wellington）公爵是饮茶的积极倡导者，他的行李中总装有一个由弗拉克斯曼（Flaxman）设计、威基伍德制造的茶壶。他在滑铁卢告诉他的将军们，茶让他头脑清醒，能够打消任何疑虑。在克里米亚战争中，加内特·沃尔斯利（Garnet Wolseley）在寒冷和泥泞的恐怖环境中"确保他饥饿的部下至少能喝到充足的茶"。同样，在加拿大红河远征期间，他向士兵们分发茶叶，并指导他们如何泡茶以及冷热饮用。弗洛伦斯·南丁格尔（Florence Nightingale）注意到茶对涌入她的战地医院的伤员和士气低落的士兵的益处，她说："对英国患者来说，目前还没有发现任何可以替代茶的东西"。[104]

在第一次和第二次世界大战中，茶叶无疑非常重要，当时部队配发的是标准茶叶口粮。关于茶的提神效果，美国神经病学教授、医学博士 M. A. 斯塔（M. A. Starr）于 1921 年指出："在（第一次世界）大战期间，英国军队免费供应茶叶，并在他们的水壶中以茶代水……"[105] 实际上，安东尼·伯吉斯（Anthony Burgess）曾断言："没有茶，英国就不可能打赢这场战争。"[106]

英国陆军军医长德·伦齐（de Renzy）写道："我只能说，在长途行军中，在部队面临巨大困难的情况下，一杯阿萨姆茶是士兵所能得到的最能维持体力和振奋精神的饮品。"[107] 他在世界各地实践了他的观点。其中有一个地方特别有趣，因为它正是茶叶的发源地之一，印度阿萨姆和缅甸的边境地区。在 1879 年考察那加山区之前，德·伦齐"指出，由于使用不干净的水，到处都有大量的疾病。根据他对该地的了解，他建议派往山区的所有部队每天都应定量供应茶水。茶不仅可以解渴，还具有提神和恢复体力的作用。德·伦齐医生认为，应该严格禁止饮用雨水"。[108]

美国陆军第七步兵团的卡尔·莱克曼（Carl Reichmann）上尉动人地讲述了茶水对另一个战区的价值。

> 我在中国东北地区目睹的那场战争中，两个饮茶民族参与了战争。他们所付出的艰辛，没有现场目睹是无法体会的。夏天潮湿闷热，暴雨交替，道路总是泥泞不堪，行军成了一种痛苦而疲劳的事。在大战中，部队日复一日、夜复一夜地行军作战，始终处于炮火之中，睡眠不足，食物匮乏；他们非常疲劳，但从未倒下；他们泡上一杯茶，继续前进……在炎热的天气里，没有什么能比一杯茶更能解渴。当坐在马鞍上三十六小时或更长时间没有进食时，没有什么比一杯茶更能让身体恢复平衡。我进入营地后的第一件事就是将水壶装满淡茶。[109]

所有这些都表明，茶对军事力量的影响在于茶叶中的一大主要成分（咖啡因）。茶内的咖啡因能刺激和放松身心，增强饮茶者的信心，从而使其成为一名更有效率的战士。咖啡因还能消除压力和缓解疼痛；因此，大多数英国人在任何事故发生后的第一反应都是饮用一杯热的甜茶。茶内添加的糖对人也有帮助，茶中的咖啡因还能预防感冒。由于微小的优势在战争中会产生巨大的影响，因此喝茶可能是在许多遭遇战中扭转局势的重要因素之一。

因此，当英军沿着喜马拉雅山边境，穿过大平原，进入缅甸，横跨非洲时，他们能够取得成功的一个原因便是：推崇饮茶和茶文化的英军领导要求下属也饮茶，因而士兵们都有着相对健康的体魄。在战争中，士兵的肌肉、头脑和肠胃都会得到极大的改善。一场战争和任何竞争一样，在关键时刻始终保持微小的优势就能带来巨大的长期收益。一场战役中的优势可以产生巨大的影响。

茶和英国人几乎成了同义词。这不仅因为从东方进口茶叶伊始，英国人喝的茶就比欧洲其他地方多得多，而且因为茶还与广义上的英国，即大英帝国联系在一起。随着大英帝国的发展，英国人在输出其语言、法律、政治制度、体育（板球、足球和其他许多游戏）和组织协会（俱乐部、信托基金等）的同时，也传播了饮茶文化。

在第一波传播浪潮中，茶成为白人殖民地的御用饮品。加拿大人和新英格兰殖民者都喝茶。在 1773 年的波士顿倾茶事件中，美国人同时拒绝了茶和英国的统治，强调两者是一个"统一体"。[110]这大多是象征性的，因为实际上美国人仍继续大量饮茶，只是假装自己只喝咖啡罢了。

然而，在帝国的一部分市场消失的同时，另一部分市场正在向其敞开。如前所述，长期以来，澳大利亚人一直是世界上（除中国和日本之外）最爱喝茶的人。他们的人均饮茶量甚至超过了英国人。新西兰也不遑多让。澳大利亚最有名的歌曲《丛林流浪》（*Waltzing Matilda*）副歌中提到的"比利罐"（billycan）就是煮茶和携带茶水的用具。

因此，茶起初是大英帝国白人的饮品。但 19 世纪下半叶，随着阿萨姆邦和锡兰茶业的发展，印度次大陆上出现了一个巨大的新市场。直到 19 世纪末，几乎没有印度人喝茶。到 1959 年，印度已成为世界第二大茶叶消费国。[111] 这是一个巨大的飞跃，现在印度消费的茶叶约占其产量的四分之三。因此，正如葡萄牙、西班牙和法兰西帝国传播他们自己的饮品——葡萄酒和咖啡一样，英国人也想传播茶，并且他们自己也极为依赖茶。正如西格蒙德（Sigmond）博士在 1839 年写的那样，一本关于茶的书将证明，我们整个国家的国计民生都与茶密切相关，我们目前的成就，甚至我们社会制度的福祉在很大程度上都源于这个意想不到的事物。它将向我们展示，我们在东方的强大帝国、我们的海上优势以及我们在艺术和科学领域的进步都在很大程度上有赖于它……它刺激了工业的发展，有助于国民健康、国家富强和家庭幸福。[112]

第十章

工业产茶

　　如果没有茶，大英帝国和英国工业革命就不可能兴起。没有茶叶的正常供应，英国企业就会崩溃。人们对阿萨姆寄予厚望，然而，迟至 19 世纪 60 年代，情况仍不明朗。1867 年阿萨姆茶业的崩溃，标志着英国试图削弱和取代中国茶叶生产的努力跌入低谷。从一开始的乐观，到现在的无望，投资者信心荡然无存。市场需求疲软，劳动力也成批死亡。为了扭转局势，英国必须采取一些激进的措施。

　　方法便是将茶园变成户外工厂，尽可能使得生产的每个阶段"工业化"，并通过这种方法降低成本。其目标是借鉴英国其他初创企业的成功经验，将科学和管理技能用于茶叶生产。茶园之特殊，在于它们完成了从起始到终了的整个过程；从土地开垦、种植、采摘，一直到最终的成品——装箱的茶叶。

　　种植园结合了资本主义的融资方式、劳动力资源的组织及工业生产中的机械化手段，这些都是常规工厂中的应用，但它不仅将这些应用于原材料到成品的制造过程（如同棉花工厂），还应用于原材料的生产本身。因此，它是英国 18 世纪发展成果的结合体，即农业和工业或工厂革命。在其所有部分，它采用了一种有组织的、军事化的、精确的方式来使用人力和其他资源。

在英国，企业通过解构工作流程使之更加高效，并已经取得了成功。尤其是，制造业被细分为小部分，每个工人专注于一个操作。统一性、标准化零件、任务细分、训练有素、纪律严明的劳动力、准确的时间控制、无休止地重复单调的动作，诸如此类均为促成一件理想的产品（实际上是传送带的前身）——这些都是英国早期工业化的经验。这些教训是否也能对赤道作物如棉花、咖啡，尤其是重要的英国商品——茶——带来好处呢？英国农业改进的经验表明，这些改进的方法确实可以扩展到工厂和车间之外，动物和作物也可以被视作机械产品来处理。

当然，其中也存在一些问题。例如，印度茶叶工人必须与极其廉价的劳动力竞争。日本的茶农几乎没有任何劳动报酬，他们之所以能够生存下来，是因为茶叶往往是由妇女和儿童在种植主要作物的同时顺便种植和加工的，而那些主要作物才是他们的谋生手段。无论采用什么方法，印度茶叶工人都必须非常高效，才能与这些最低劳动力成本竞争。

1848 年，塞缪尔·鲍尔已经概述并解决了这个问题（正如他所认为的）。他指出，"反对在我们的殖民地成功种植茶树的主要论据是，中国的劳动力非常廉价，而我们的殖民地劳动力却很昂贵，而且我们错误地认为操作过程费力又昂贵"。他随后指出，上述观点并不正确。印度人比中国人贫困，所以他们的劳动力只能更为低廉。

他经过分析后提出，在印度，"支付给茶叶加工者的工资为 5 卢比，给他们的助手苦力是 3 卢比，给劳工的则是每月 3 ~ 4 卢比；而每个茶箱的成本仅为 1 卢比"。因此他相信："在如此低的工资水平下，阿萨姆在适宜且成本低廉的管理体系下，无疑应该能够在茶叶种植上与中国竞争……"

荷兰在爪哇的成功也证明了这一点。"1839—1844 年，从商品包装的情况来判断（根据在荷兰销售的数量），爪哇平均每年产茶 218000 磅。"鲍尔发现，"茶叶可以从那个岛屿以每磅 8 便士的价格运出……并且没有理由认为印度生产的茶叶成本不能与爪哇持平。实际上，如果茶叶可以在中国的产地以每磅 7 ~ 8 便士的价格进行加工和包装，正如现在所显示的那样，那么就劳动力价格而言，我们完全可以假设，同样质量的茶叶应该以每磅 4 ~ 5 便士的价格从印度运出。"因此，毫无疑问，印度可以在成本上压倒中国。根据他的观察，在英国，原材料的加价率约为 120%，这意味着英国人将获得巨大的利润。[113]

在这种情况下，通常的解决办法是机械化，即像英国农业那样用机器代替人力。然而，种植、生长和采摘茶叶实际上不可能实现任何程度的机械化。用机器复制手摇织布机织工的工作或打谷人的工作已经很困难了。茶叶生产的早期阶段，也就是生产原叶的步骤，至今仍未实现机械化。清除丛林、在陡坡上种植茶叶、锄地、除草、采摘枝顶的嫩芽（最费人工的阶段），将茶叶运到收集点，这些都不是机器能完成的。然而，英国人认为，印度早期阶段的工作效率可能要比中国高。

生产茶叶首先要清理丛林，然后种植茶树和遮阳树，以防止阳光过于强烈。这需要非常细心以及"科学的知识"。每棵茶树之间到底应该留出多大的空间；哪块地最合适；为了达到最佳采摘效果，必须如何小心地栽种茶树行；需要多少棵遮阴树和哪种遮阴树；最好的种子是什么以及如何管理苗圃——所有这些都必须仔细规划。灌木种植完成后，还需要进行一系列实验和指导，包括修剪的频率和性质、施肥以及使用喷雾剂和杀虫剂来保护植物免受各种疾病的侵害。后来，他们又建立了茶叶研究站，如阿萨姆的托克莱（Toklai）研究站，以研究种植和加工的最佳方法。在较大的生产基地进行大量投资，并具备使投资收益最大化的决心，才有可能提高效率。

因此，在阿萨姆种植茶树时，茶树要被精心布置。他们不是像中国的半野生状态或日本的树篱那样点缀四周，而是有系统地种植。化学和经济植物学知识的应用，对土壤和杀虫剂的不断试验，以及种植、修剪和干燥的最佳方法，这些都结合在一起，几乎是一次军事行动了。

茶园工人被集中在类似帐篷或兵营的小屋里。他们必须遵守绝对严格的时间纪律。英国工业区的矿山、工厂和车间在组织劳工时首创的长时间、无休息的工作方式也被应用到了他们身上。他们被命令有条不紊地从事一系列精心设计和细分的工作，尤其是采茶。他们成了一台巨大机器的一部分，而在这台机器中，他们自己就是收集茶叶的机器。与工厂工作唯一不同的是，工人们不是扎根在一个地方，而是在不断移动。材料在传送带上滚动，茶树保持静止不动，采茶工则在茶叶的精确间隔线上移动，无休止地从一株又一株茶树上只采摘娇嫩的顶芽和两片鲜叶。

在炎炎烈日下，采摘者一小时又一小时地站着，专心致志地采摘合适的叶子。1938 年《每日电讯报》特刊上的一篇文章描述了这一过程："妇女们用双手在一天之内可以采摘多达 30000 株嫩芽。考虑到采摘前必须仔细检查每一株嫩芽，并确保没有茎秆或粗料进入工厂，这算得上是一个值得称赞的数字了。采摘大约每十天进行一次，制作一磅茶叶需要 3200 株嫩芽。"[114] 这意味着，假设 19 世纪的人每天采摘 10 个小时，那么一个人每小时需要采摘大约 3000 株嫩芽，即每分钟采摘 50 个。

如果考虑到在树丛间移动、卸下篮子等因素，这就意味着大脑、手臂、背部、腿部和手部必须协调起来，在每周六天、每天许多小时的时间里，每秒或更短时间内都要做出伸手采摘和投放的一系列动作。其他估算方式得出的数量要更多。茶叶专家 C. R. 哈勒[①]（C. R. Harler）在 20 世纪 50 年代写道："一个女人一天可以采摘 60 ~ 80 磅茶叶，而采摘一丛茶叶需要半分钟到四分之三分钟。"[115] 无聊和无谓的活动给人类带来的代价是难以想象的，更不用说一小时又一小时的站立和采摘给劳动者所带来的身体代价了。这种情况一直持续到今天。

于是，茶园变成了密集的苗圃。道路、小径、灌木丛、工厂、狭小的单间房屋以及工人在整个系统中的有序流动都受到了严格的管理。绿色的世界是一个扩展的工厂，只有树荫遮蔽了它的屋顶。

然而，英国人可以将他们的工业技术更直接地应用于将原料绿叶加工成最终的红茶、炒茶和盒装茶。英国人控制了自己在阿萨姆和锡兰的茶叶种植园后，便开始将机械应用于后半段加工过

---

① C. R. 哈勒是一位在 20 世纪初期对印度茶业作出重大贡献的科学家和农业专家。他最著名的贡献是在阿萨姆茶叶研究和种植方面的工作。——译者注

程。茶叶变成了工业产品，原料被送入工厂，工厂的机器由蒸汽或水驱动，几乎不需要人工干预，装满红茶的箱子就出来了。这也是阿萨姆茶叶生产成本甚至低于中国茶叶的原因之一。这段历史可以通过一位杰出发明家威廉·杰克逊（William Jackson，1850—1915）在此期间的活动来了解。[116]

19世纪70年代初，年轻的威廉·杰克逊和他的兄弟约翰从布拉马普特拉河顺流而下，途中他们参观了一个茶园。船搁浅了，在等待修理期间，他们在周围的乡村闲逛。他们发现了一台马歇尔（Marshall）便携式蒸汽机，这台蒸汽机在印度已经使用了大约10年。杰克逊回到英国后，与不列颠尼亚铸铁厂（Britannia Iron Works）建立了合作关系，并由此发展了马歇尔父子（Messrs Marshall Sons）有限公司（当时位于盖恩斯伯勒）广泛的茶叶机械业务。1872年，杰克逊在阿萨姆的希勒卡（Heeleakah）茶园安装了他的第一台茶叶揉捻机。虽然是基于早期的想法，但他的机器效率要高得多，很快就取代了耗时巨大的手工揉捻步骤。他发明诸多，包括杰克逊"交互型"（Cross Action）、"卓越型"（Excelsior）、"手动型"（Hand Power）揉捻机。这些机器都很复杂，铸件很重。1877年，他发明了"高速型"（Rapid）揉捻机，在长达20年的时间里成为茶叶揉捻的首选机器。仅在1899年，就售出了约250台这种机器。

杰克逊于1884年生产出第一台机械式热风干燥机，这些机器的名字至今仍广为人知："维多利亚"（Victoria）、"威尼斯人"（Venetian）和"杰出典范"（Paragon）（没错，我2001年访问阿萨姆的一个茶园时，他们仍在使用不列颠尼亚铸铁厂生产的机器）。这些机器上有一个吸风扇，让热空气从机器底端吸进去，从下往上吹，吹过盛放茶叶的筐箩，以加快干燥过程。1887 年，杰克逊推出了第一台茶叶解块机，次年推出了茶叶分拣机，1898年又推出了茶叶包装机。马歇尔父子公司不断改进这些机器，并将其运往几乎所有的产茶国家。

从茶叶生产的价格就可以看出杰克逊机器的效果。1872 年，当他刚开始工作时，茶叶生产成本为每磅 11 便士，与中国的生产成本大致相当。到 1913 年，改进后的机器将成本降至每磅 3便士。现在，大约 8000 台揉捻机就能完成原本需要 150 万劳动力才能完成的工作。以前，干燥 1 磅茶叶需要将大约 8 磅的好木材转化为木炭，但杰克逊的机器使用任何木材、草或废料都能产生同样的效果。四分之一磅阿萨姆煤就能生产 1 磅干茶。杰克逊还意识到，如果茶叶一进入干燥室就停止发酵，并在干燥后立即冷却，就能生产出更好的茶叶。这样可以保存茶叶中的"精油"，从而提高茶叶的质量。杰克逊于 1915 年去世，他将自己一半的遗产（2 万英镑，这在当时是一笔不小的数目）留给了与茶有关的慈善机构。

在中国，茶叶运抵英国船只之前，大约三分之一的成本用于从种植区运输茶叶，并支付给途中的中间商，包括港口的商人。在阿萨姆的茶园中，两大措施在很大程度上消除了这些成本。首先，英国人绝对的权力使得中间商无从下手，贪污行为无法出现。在茶叶运往加尔各答的途中，无须收买任何人，也无须收取过路费和税收。其次，茶叶不是由苦力甚至牲畜无休止地背着运送。蒸汽革命为英国人提供了两种以最低成本运送茶叶的伟大工具，一种是沿布拉马普特拉河而下的蒸汽船，另一种是在 19 世纪后期抵达阿萨姆中部的快速扩张的铁路网。

这一切都得益于英国对印度和锡兰的政治和军事控制，这为经济的繁荣发展提供了和平的行政管理和司法保障。此外，还得到了巨额资本的支持，这些资本不断寻找新的有利可图的投资项目，将土地、劳动力和茶树进行了新的组合。这将很快提供足够的茶叶，让全世界的人都能以非常便宜的价格喝到足够多的茶。于是，机器、劳动组织、蒸汽和资本在布拉马普特拉河畔创造了新的曼彻斯特和伯明翰。这个东方伊甸园的绿色宜人之地变成了大都会国家黑暗的撒旦磨坊的幽灵倒影。

种植园有严格的等级制度或指挥系统，这与兵团式的组织相称。在经理和他的欧洲助理的领导下，工作由本地员工分担；首席监工（Head Mohurer）负责管理所有工作和账目，现金由他专门负责，他的级别最高。茶园监工（Land Mohurer）与苦力一起到茶园里去，整天与他们待在一起，监督他们和工头（sirdars）完成分配给他们的任务。

工头相较于普通苦力有着更为聪明的头脑，他们负责管理自己的"一帮"苦力，每天早上把他们赶出去，并把每个人每天的工作情况记入账簿，然后交给茶园监工。他们还必须在经理办公室向经理汇报当天的工作情况，提及拖欠者，并了解第二天的工作安排。一位懂英文的工人专门负责账目，整天坐在办公室里。工厂里还有车间工头，产出茶叶的质量就取决于他们的技术和知识如何。

有一个本地医生负责照顾苦力，一个欧洲人偶尔也会去看望他们，记录出生和死亡的情况。还有一些看守人，其中一人负责看守线路，向医生报告生病的苦力，并确保财产不被偷窃。苦力出游时，会有专人陪同，也许是为了防止他们逃跑。还会有饲养员看管用于开垦土地和运输茶叶的大象，这些珍贵的动物需要精心照料，喂食大量未煮熟的大米。运输用的公牛晚上要吃煮熟的米饭，消耗量比普通家庭还要多。

根据种植者手册的记录，尽管有监督员和看门人加以监视，但经理和他的助手仍要时刻提防苦力的各种欺骗手段。女工们把其他植物塞进篮子底部以增加重量，男工们则慢慢修剪，以便为未完成的任务领取加班费。就连孩子们也不值得信任：他们的一项工作是收集毛毛虫，每天 20 磅是他们的"任务"。但是有些人会用前一天抓到的毛毛虫来充数。

大批债役工接受着纪律严明的管理，领取着最低的工资，为种植园提供了内在动力。在工厂机器和高效运输条件的支持下，他们产出了标准化且优质的茶叶。英国商人、投资者和世界许多地方的饮茶者成为最大的赢家，中国和阿萨姆的工人只是为此承担代价罢了。

价廉物美的阿萨姆茶叶摧毁了中国的出口市场。工业革命再次获胜。这一次，不是像兰开夏工厂那样摧毁了印度棉纺工人的生计，而是破坏了出口贸易，从而毁掉了中国茶叶工人的大量工作。对中国人来说，这些数字无疑是沉重的。

20 世纪初，波乃耶（James Dyer Ball）出版了《中国风土人民事物记》（*Things Chinese*），他在书中提供了相关数据："1859年，印度没有茶叶贸易，中国向英国出口了 70303664 磅茶叶……

到 1899 年，中国的茶叶贸易量下降到 15677835 磅，而印度则上升到 219136185 磅——这是中国从未达到过的数字。"[117]

两组区域性的数字和报告进一步阐释了这些惊人的数据，以及它们对当地的影响。1882 年，超过 6000 万磅茶叶从福州运往英国，占当年福州港对外出口的近 70%。澳大利亚带走了另外 1800 万磅茶叶，占出口量的 20%。仅仅 8 年后，这一比例下降到不足一半，其中 2300 万磅出口到英国，1400 万磅出口到澳大利亚。罗伯特·加德拉（Robert Gardella）在 1994 年出版的有关茶叶贸易的书中，引用了一位不愿透露姓名的中国人的话：

> 靠种茶为生的人不在少数：开山的、采茶的、开茶庄加工包装茶叶的、卖茶的、茶叶专家和选茶师。1881 年后，茶叶价格非常低……开茶庄的人和制茶的人都破产了，许多生产者再也无法依靠茶叶（获得收入）。有田的重新开垦，无田的以砍柴为生。那些辛辛苦苦种植茶叶的人却从中尝到了苦果，这是多么可悲啊！只有种地吃饭的人才能继续拥有茶园……没有粮食的人让茶山变成了荒地——他们（无力）照顾茶山。[118]

1896 年的《厦门海关年报》（*Customs Annual Reports for Amoy*）显示：

> 年度贸易额从 25 年前的 200 万关平两下降到如今的 10 万关平两。过去，茶园主能够靠种茶为自己提供

一份体面的收入，现在却不得不在茶树间种植红薯来维持基本的生计。

次年的报告中写道：

> 这份贸易报告很可能是最后一次将厦门茶叶作为我们贸易中一个重要因素提及。25 年前，其出口量达到了65800 担；而今年的总量仅为 12127 担……现在，任何旨在挽救这奄奄一息的茶叶贸易的措施都为时已晚，而茶叶曾是我们的主要出口商品。

四五年后的海关报告中则描述道："茶叶现已从厦门港消失。1900 年没有从汉口直达伦敦的航船。这是有记录以来的第一次。"[119]

数以十万计的中国农民和中间商，他们原本生活已极为艰难，突然之间失去了他们的额外现金收入。从微小的种植者到工厂研磨茶叶的工人，从茶叶运输小径上的劳工到港口的工人和商人，沿着供应链的每一环，人们纷纷失业。其影响是灾难性的，这进一步加剧了 19 世纪后期中国的不稳定状态，以及广泛的政治和社会动荡。

第十一章

———

茶叶劳工

　　中国贸易的溃败确保了阿萨姆的成功，阿萨姆劳工的命运理应得到改善。随着茶叶狂热时期的混乱状况逐渐消退，相关产业更为有序，人们赚取了巨额利润，对预防医学和饮食也有了更多了解，开明资本主义的理论暗示工人们将从中受益。市场这只"看不见的手"将确保所有人都能分享丰厚的利润。人们唯一需要确保的是政府不干预。其余的可以留给自身利益去解决。毕竟，健康的工人更能提高效率。

　　这就是爱德华·莫尼（Edward Money）上校在其广受欢迎的茶叶产业教材中阐述的理念，该教材于 19 世纪末出版。

　　　　收集到的所有证据和进行的所有调查显示，茶园里的苦力待遇良好。这样做符合业主和管理者的利益，而自身利益比政府所能设计的任何诱因都要强大得多。"苦力保护者"到访茶园反而造成干涉，破坏了茶园主或经理与员工之间本应存在的友好感情（尽管存在这些障碍，但这种感情确实存在）。我毫不犹豫地相信，如果政府不加干预，茶园里的外来苦力在许多方面都会过得更好。[120]

为了保护茶园免受这种"干预"，管理组织开始建立起来。印度茶叶协会（Indian Tea Association，ITA）于 1888 年成立，它与专注于茶叶贸易的小型东印度公司类似。其职能大致相同——支持贸易社区，规范工资、工作条件和招聘。阿萨姆的公司有90% 都是 ITA 的成员，并且与他们在伦敦和加尔各答的代表肩并肩，坚持反对几乎每一个旨在改善茶园劳工条件的举措。他们介于茶园经理和政府之间，正如 1901 年一个委员会的成员所说："一个又一个的委员会接踵而至，一项又一项的法案迭出，令人疲于奔命……每一个都比上一个失败得更甚。"

令协会成员尤其恼火的是，亨利·科顿（Henry Cotton）于1896 年被任命为阿萨姆首席专员，他的工作之一就是亲自视察众多茶园，并定期派官员巡视其他茶园。他还让外科医生坎贝尔（Campbell）少校就运送新兵的船只上的条件提出报告。检查人员、坎贝尔的建议以及科顿的最终报告导致 ITA 会议上出现了大量抗议言论，谴责"在茶园检查问题上完全无法忍受的干涉，以及种植者所遭受的麻烦和困扰……这是有系统的欺凌，我只能这样称呼它……"科顿甚至厚颜无耻地"当着我们的面挥舞他的刑罚武器"。一位主席在一次 ITA 会议上如此大声喊道，引来了响亮而持久的掌声。

亨利·科顿在孟加拉司法部门工作过，成绩斐然，还写过一本同情独立运动的书《新印度》（New India）。他颇有声誉，致力于帮助印度民众，并纠正英国统治下的纰漏，但他的大多数同事对此不敢苟同。他的偶像和榜样是上一任总督里彭（Ripon）勋爵。许多人对他们两人都抱有怀疑、厌恶甚至憎恨的态度。

当然，孟加拉人非常崇拜他。印度媒体表达了他们的看法：

> 印度人民从未有过如此真诚的朋友，也没有比他更无私的好心人了……当地的知识分子崇拜他，就像崇拜极少数英国人一样……当大多数英国人对当地人的自命不凡嗤之以鼻时……科顿先生对本国人民的同情呈现出最令人愉快的对比，这种对比之所以倍受赞赏，是因为它非常罕见……孟加拉当地许多知识分子能有今天的地位，完全归功于他独树一帜的仁慈。[121]

当他离开时，成百上千的崇拜者在火车站为他送行：这样做，"他们向他表示了自己的敬意，这着实意外，因为他们从未对任何官员表达过这种感情"，《印度镜报》（*India Mirror*）如是报道。至于他的书，媒体则感到惊讶和震惊。《悉尼先驱晨报》（*The Sidney Morning Herald*）表示，"听说在印度的英国人像东印度公司管理这个国家时，傲慢且轻蔑，令人十分不悦……人民并不支持英国统治"。保守派媒体想知道，一位政府官员是否有权鼓吹革命。

把这样一个人安排到阿萨姆的茶园主中间，让他观察庄园里工人的工资、住房、贿赂和招聘方式，难怪他很快就被描述成一个"恶意诽谤者"：因为他质疑并公开谴责了他所看到的一切。他的观点见诸报端，也渐渐传到了工人耳中，"削弱了茶园主对工人的权威"。科顿的言论残酷坦率，他在报告中这样写道："劳工的状况不堪入目。苦力实际上是债奴……奴役期或许永无尽头"。

他谈到了遣返问题，以及"许多流浪汉和流浪者在集市上四处游荡，他们常常因为妄图返回自己的国家而丧生"这一实情。他建议成立一个中央管理委员会（Central Board of Management），负责征用土地和建筑，让苦力们在回国途中可以住在那里，并为他们提供旅费。ITA 声称苦力可以有土地用来养老，但科顿指出，"从茶园离开的苦力大多体弱多病，身无分文，他们是最不愿意从事任何开垦荒地的工作的人……这需要劳动力和资金"。一位地方法官证实，在他所在的地区，实际上只有 7 名苦力还有能力经营荒地。

在相关法规抵达茶园之前，就已经出现了诸多问题。《阿萨姆劳工移民法案》（*Assam Labour Emigration Bill*）实际上在 1901年便成为法律，ITA 描述其为"匪夷所思的规定"，并对"这些规定的严格执行"加以谴责。然而，他们自我安慰说，他们确信招募苦力的工头"不会坚持执行法律条文中的荒谬规定"。

该法案试图防止苦力在不了解合同条款，甚至不知道什么是合同的情况下被招募。法案规定，招募中心必须有一名地方法官在场见证签约。ITA 认为这完全没有必要，因为地方法官往往不容易找到。他可以接受雇主的书面声明，毕竟，不识字的苦力连自己的名字都不会写在纸上。中央邦（Central Provinces）和马德拉斯邦（Madras）当局都禁止在当地继续招募苦力，这让 ITA 大受打击。后来，马德拉斯邦招募中心负责人泰勒（Taylor）先生"强烈要求禁止在山区招募……因为这些人大都无知，不知道自己会被带到哪里，直到离开自己的家乡很远才会回过神来"。

两名外科医生报告了苦力们在乡间旅行时的状况，他们希望在征兵站强制接种，并要求接种后休息 36 小时。他们认为，中心应雇用一名助理外科医生、两名医院助理、一名办事员、扛夫、运水工和清扫工，他们的工资应由茶叶公司支付。然而，意料之内的是，相关公司认为它们不应该"负担"这些费用，觉得每个人只需象征性地支付一些费用就足够了。

正是在工资问题上，科顿引起了茶园主的极大不满。在读到他们否认、回避和半真半假的回应后，人们不禁要问，为何茶园主们似乎如此抗拒让劳工拥有吃得饱、住得好且令人满意的工作环境呢？随后的 70 年里，他们的态度依旧如此，抵制了诸多力图促成上述目标的措施。也许问题在于，茶园经理每年都会根据茶园的利润领取佣金，因此用于福利的钱会从他们自己的工资中扣除。

然而，管理层的住所和俱乐部愈发奢华。但就在科顿的报告发表 50 年后，一份类似的报告指出，工人患有严重贫血症，孕妇死亡率高，儿童必须工作无法上学……种种悲惨情况、不足之处不胜枚举。

科顿要求每个茶园每月提供一份在职男女的实际工资报表，其中要包括加班费。他希望将代替工资的口粮价值记录在案，但"住院、药品、医疗护理、房屋住宿、供水或卫生安排的费用……这些不属于工资的部分不能包括在其中"，所有关于苦力领取"津贴"的惯用借口都将被驳回。至于从逃兵工资中扣除抓获逃兵的报酬制度，他称之为"无耻的习俗"。

"措辞相当激烈"，ITA 抱怨道，并说这份要寄给副专员的月报表"会加重茶园的文书工作负担"。科顿认为这简直是胡说八道："一个中等智力的文员每月花在准备报表上的时间不会超过一个小时。"他对另一项抱怨——茶行业正处于艰难时期——同样不屑一顾，并坚持认为目前利润的轻微下滑只是生产过剩造成的，情况会自行好转，而事实也确实如此。

科顿的数据表明，茶园工人的工资只有其他工人的一半，对此，ITA反驳，这些工人受雇于临时项目，自然会得到更多的工资。出生和死亡数据又是怎么回事呢？为什么一些妇女生不出健康的孩子，或者根本生不出孩子，而她们在自己家里却和印度人一样多产？ITA拒绝像科顿所说的那样把这归咎于过度劳累和贫血，而是提出了一个最无力的借口：这是"移民苦力婚姻关系脆弱"造成的。至于每千人中有43.5人去世的死亡率——是普通人口死亡率的两倍，科顿声称这是工资太低"不利于身心健康"的直接结果，而且阿萨姆的恶劣条件本身就无法吸引健康的苦力。

ITA的乔治·迪克森（George Dickson）似乎是该组织成员中的一个例外。在描述协会会议上的死亡率时，他提出了一组有趣的数据。他在查看统计数据时说："想象一个拥有大约700人的茶园，这相当于我们国内一个相当大的村庄。以略低于7%的死亡率计算，这意味着每周都会有一次葬礼，整年如此，或者每周两次葬礼，持续6个月，或者如果遇到流行病，几乎每两天就有一次葬礼，持续将近4个月。"事实上，在1892年，阿萨姆的茶园中就有57000人死亡，超过了总人口的1/8。

尽管这些数字令人震惊，但ITA依然不为所动。会员们反驳科顿的指控，声称在605000名苦力中，他们只收到过26起投诉。这种说法不会打动科顿和他的检查员，因为他们曾参观过茶园，看到过对"麻烦人物"或潜逃的苦力的严密监视。对于科顿提出的在劳工可以看到的地方张贴有关他们的权利、工资等告示的想法，ITA 嗤之以鼻：一群不识字的劳工，谁能看懂这些告示？

当新任总督寇仁（Curzon）勋爵来访时，协会成员感到欣慰，"他会想办法撤回每月增加 1 卢比工资的提议"。所有法案最终都提交到了总督的案头，看来这位总督将大力支持英国在印度的所有利益，而茶叶贸易是其中最重要的利益之一。

沉闷的数字一直重复，制度中的无知和冷酷暴露无遗。1892年，ITA 发言人称：

> 64 名苦力在加尔各答注册并签订合同之后被送到了茶园……他们在合同中被描述为印度社会种姓制度里的噶兹人（Ghasi），来自桑塔尔帕尔加纳（Santhal Pargana）地区，这是茶园经常招募劳工的地区。7 个月后，茶园里只剩下 16 人；26 人逃离，16 人死亡，6 人的合同因身体永久丧失能力而被取消，剩下的都是体弱多病的人。当他们到达茶园时，茶园主才发现他们根本不是桑塔尔人，而是来自西北省份的苦力，属于虚弱多病的类型。[122]

摘录自一位传教士的信件内容或许更加公平些。1889 年，这位传教士从奥里萨出发，带领一批基督徒前往阿萨姆，并写下了以下内容，ITA 对此引以为傲，认为可以借此堵住悠悠之口：

> 我发现这里苦力的条件比奥里萨大多数普通劳工要

好……后者靠微薄的收入生活，常常陷入困境……而这里的苦力赚得更多，衣食都比那边好。他们有住处，生病时有医疗援助，生病无法工作时有权获得半薪……他们都可以存钱买牛（很多人都这么做）……分配给苦力的任务并不困难，正常体格的男女都可以轻松完成，而勤快的人可以做更多，最高可以赚到双倍工资。一天下午1点多时，我骑车去拜访工作的朋友，遇到一个已经完成任务并回到营地的苦力，他可以自由地安排剩下的半天时间……我的朋友们也一致认为，工作并不艰苦，只是新手要比老手相对多花些功夫罢了。他们的妻子正在采着茶叶，也表示工作并不费力，只是需要时间练习，才能采摘到所需的数量。[123]

奥里萨邦是印度最贫穷的邦，经常发生毁灭性的饥荒，相比之下其他任何地方的情况都要好很多。多年来，奥里萨邦的工人成了最贫血、最多病的劳动力，因为基督教牧师禁止他们光顾可以额外提供卡路里的饮品店。亨利·科顿对这些位于每个茶园大门口的饮品店一直持批评态度。这些店铺由孟加拉人经营，但政府给他们颁发了营业执照。虽然这些饮品店为苦力提供了热量，为政府缴纳了税款，但它们生产的原酒往往受到污染，对肠胃不好。对那些食不果腹的男男女女而言，连买这样的酒都多少有些囊中羞涩。

19世纪末，工业蓬勃发展，已然实现机械化，并受到自己协会的有力保护，不再受亨利·科顿等异想天开的"好人"左右。

此后再没有出现什么其他危机，虽然利润时高时低，但生产过剩的问题第二年就会被自行纠正。铁路开始缓慢地在全国铺设。因为找苦力来疟疾丛生的沼泽地和茂密的丛林修建铁路并不容易，这着实阻碍了铁路的修建。经常生事的部落在宪兵的严加管束下无法继续捣乱；阿萨姆人还是老样子，总是独来独往。对茶叶行业的人来说，前景非常乐观，他们能够安心地继续前进，因为他们知道一切都不会发生变化。

第一次世界大战期间，茶叶产量最大，利润也最高。战壕里的军队需要茶叶，他们对茶叶的品质并不太在意，因此茶叶可以粗放采摘，反正政府能确保茶叶以固定价格稳定出售。很少有茶园主"参战"，战场也未波及印度，不过还是有很多本该加入本地劳工队伍的人，奔赴各条战线。

战后，情况很快变得不妙起来。首先是1919年的流感疫情，使得劳动力的死亡率急剧上升。然后是物价飞涨，这使得工人们躁动不安，想要分享利润，而他们自己的工资还停留在战前的可怜水平，远远不够。再加上，圣雄甘地和他的国大党到访了阿萨姆，煽动劳工的不满情绪。

战争结束三年后，来自萨地亚（Sadiya，甘地的部下先前去过那里）的赤贫苦力以每天两百人的速度涌向坚德布尔（Chandpur，最近的车站，有一个码头），他们离开茶园，搭乘火车或船只回家。他们中的一些人冲上了火车和轮船，其余的人则在车站附近的足球场上扎营。富有同情心的德（De）先生搭建了临时住所供这些人使用，并为其提供了医疗帮助。

工人们害怕被送回原来的茶园，不敢离开车站，而当镇上的

"捣乱分子"加入他们的行列，高喊"甘地万岁"（Gandhi Maharaj ki jai）时，情况变得十分危险。政府和 ITA 都无意通过帮助他们来"开创先例"，于是最后警察和廓尔喀士兵开始介入。报纸报道了这一事件，甘地的一位得力助手也来到了现场进行调查，说这些苦力穷困潦倒、半饥半饱。不久，霍乱爆发，造成 65 人死亡。

英国议会对这一事件提出了质疑。ITA 提出增加 2 安那（不到 1 便士）的薪水，并呼吁出台一项禁止在茶园集会的法案。此时还有一些其他报告：1931 年的一份报告说，外人"应该"有权免费进入工人的住宅；茶园主"应该"为工人分配土地；"应该"为 5 岁以下的儿童提供免费食物，并设立一名福利官员负责监督各项措施的执行情况。甚至"应该"设立一个卫生和福利委员会、卫生检查员和疫苗接种员。然而，阿萨姆仍然没有什么变化。

1927 年，英国工会委员会（Trades Union Council，TUC）代表 A. A. 普赛尔（A. A. Purcell）议员和 J. 霍尔兹沃思（J. Haldsworth）对印度进行了为期四个月的考察。他们参观了纺织厂、铁路车间、工程、水电站、供水和灌溉计划、印刷厂、煤矿、金矿和油田、橡胶种植园和茶园。回国后，他们发表了考察结果，结果可想而知：自由派媒体感到惊讶和羞愧，其他媒体则感到愤怒和排斥。

他们对为所有印度雇员建造成排的工人住房的做法深恶痛绝。"住房情况糟糕透了，从任何意义上来看都不能将其称之为家。我们走访了所有工人住所，如果不是亲眼所见，根本不会相信世界上竟会有这等炼狱般的地方。"

在茶园里，家家户户都有一间"暗房"，"起居、做饭、睡觉都在此进行，长宽皆为 9 英尺（2.7 米左右），四壁是土墙，房顶上稀疏地盖着瓦片"。屋前有一小块空地，其中一角用作厕所。住所唯一的通风口来自屋顶的一块破瓦。在这个黑暗、不透气的地方，包括孩子在内的 4 ～ 8 个人都要在这里吃饭和睡觉。

此时，阿萨姆的茶叶种植面积已达 42 万英亩，雇用了463847 名长期工人。在普赛尔和霍尔兹沃思访问的那一年，即1927 年，有 41176 人是"进口"而来的，不过他们并非在旧的奴役制度下工作。他们描述了这一过程：

> 新来的劳工大多是文盲，他们被从几百英里外的村庄诱骗而来，以为在茶园里为生计而挣扎会不那么残酷。然而，一旦进入茶园，他们的自由就会受到严格限制，虽然一些禁止劳工离开茶园的法律……已被废除，但仍有足够的惩罚性规定，使劳工很难按照自己的意愿放弃工作，离开茶园。

他们写道："不可否认，印度工人半饥半饱，衣不蔽体，住房条件恶劣。"茶园工人的平均日薪为 6 便士、5 便士或 4 便士，视工人情况而定——"一个男劳工、一个女劳工和一个孩子，三个人一天的薪水总共是 1 先令 3 便士"。接下来的这句话彻底惹恼了所有茶园主："我们看到一群男人、女人和孩子在干活，而在大约 5 码之外，一位茶园主的年轻助手正得意扬扬地搂着一根鞭子。

我们认为这便是劳工都对茶园工作满意的原因吧。"

最后，他们试图唤醒阿萨姆的知识分子，希望能改变一百五十年前在他们国家开始的资本主义制度。"苦力的整体境遇对人类文明而言是一种威胁，"他们在高哈蒂（Gauhati）的一次公众集会上大声疾呼，"在英国统治的 150 年间，3 亿到 4 亿英镑被榨干，却没有任何回报。现在时机已经成熟，你们应该要求统治者将这笔钱用于改善健康和卫生条件……组织起来，组织起来，鼓动起来，鼓动起来……"，他们可以从自家的后院开始做起。关于茶园，他们说："那里的条件也只是比奴隶的日子稍微好些罢了……"[124]

在所有对英国工会委员会的这份报告表示愤慨的群众中，最为愤怒的莫过于印度茶叶协会董事会。他们向所有主流报纸发送了愤怒的否认声明，共有 19 家，包括《泰晤士报》、《英国早报》（Morning Post）、《每日电讯报》，还有《茶叶和咖啡贸易杂志》（The Tea and Coffee Trade Magazine）等期刊，以及路透社总部、伯肯黑德（Birkenhead）勋爵、温特顿（Winterton）勋爵和拉姆齐·麦克唐纳（Ramsay MacDonald）等重要官员。其中一些报纸予以同情；有的杂志则完全认同茶叶行业是慈善良心事业的说法。但很多媒体还是持保留态度。事实上，他们感到十分震惊："在英国统治了 150 年之后的 20 世纪，竟然还存在这种状况，这对所有相关人员而言，都该好好反思。"

第二次世界大战期间，局势则截然不同，数年时间内阿萨姆成为人们关注的焦点。从阿萨姆出去的道路，如今却成了英军躲避日军大逃亡的区域。推土机在岩壁上拼命碾压，以营救被日军追赶到缅甸的英军战败旅，其次才是营救成千上万的欧洲人和印度人，他们正在逃离缅甸人的怒火，因为英国人不再在那里保护他们。

1942 年 2 月 2 日，缅甸的仰光落入日军之手，印度很快成为日军的下一个目标，而进入印度的最佳途径就是阿萨姆。这个盛产茶叶、石油和大米的地方可以通过两个山口从缅甸进入。当翻越这些山脉的道路开始从阿萨姆一侧修复时，日本人很高兴。他们进行了少量轰炸，避免破坏那些在他们最后冲击中将非常有用的设施。

日军推进的速度之快、目标之明显，以及担心新加坡的悲剧在钦敦河畔重演，这些都促使德里的规划人员向东部边境发出电报和紧急命令。历史教材上是这样记载的：ITA 和种植业高尚无私，允许他们的劳工离开去修建道路（强调这是自愿的），而他们自己则尽可能地努力继续经营。茶园主被视为英雄，他们的妻子是仁慈的天使，她们用许多爽朗的笑容和喝不完的茶迎接难民。这时，ITA 的文件还没有公布，这些文件都是高度机密的，它们被存放在印度事务部图书馆。这些文件讲述了一个不同的故事。

仰光（缅甸）沦陷一个月后，即 1942 年 3 月 1 日，印度茶叶协会的主席和一名委员会成员被要求参加在德里召开的会议。在这里，他们被命令提供两万名劳工，修建一条穿越曼尼普尔连接缅甸城市达武（Tammu）的公路，并额外提供七万五千名劳工从莱多（Ledo）出发，修筑公路以接应在中国的美国人。季风的到来以及日本人的威胁意味着这项工作必须迅速完成。通往达武的公路必须在 5 月 7 日之前完成，仅有九周的时间将一条 260 英里长的马道改造成可供卡车和重型火炮通行的公路。

当 ITA 的两位代表回到加尔各答后，电报立刻四处发送。德里会议结束后四天，一名带领一百名劳工的茶园主已经前往迪马布尔（Dimapur），即曼尼普尔公路的起点，准备为随后到来的成千上万人搭建临时营地。劳工将居住在由竹子和草制成的小屋中，这些小屋在几天内就搭建好了。一周后，在前往迪马布尔的公路两边，每个营地里都挤满了携带锄头、毯子和足够吃两周的食物的人。

英国军队能够征用如此庞大、近在咫尺的资源是多么幸运。如果没有这些资源，他们将如何应对？可以肯定地说，这些苦力的血汗挽救了从缅甸撤出的英国旅。他们和山区的搬运工及向导一起，运送物资以维持那些前往缅甸方向的劳工的生存。茶园主 A. H. 皮尔彻（A. H. Pilcher）担任联络官，负责管理曼尼普尔公路，他描述了这项非凡的任务。[125] 在 164 英里处，小道逐渐消失，到达达武剩下的 50 英里路必须从高达 6000 英尺、无水无生机的贫瘠山地中开辟出来，其中一段在 10 英里内上升了 1000 英尺。28000 名劳工分散在 200 英里的区域内，与他们一同劳作的还有马匹、牛和骡子，水必须装在瓶子里运送。工作需要用锄头进行，他们在悬崖边缘疯狂地劈砍，运送巨大的石块，一切都在为了满足军队的最后期限而以疯狂的速度进行。

还有源源不断的难民从相反的方向从缅甸涌来。这对军队来说是个麻烦事，不过，只要条件允许，他们就会用运送劳工的车辆将他们拉到驻地。他们不是缅甸人，而是英国人、印度人、中国人以及这些种族的混血儿，他们不仅是在躲避日本人，也是在躲避愤怒的缅甸人，一旦他们的保护者离开，他们就会遭到缅甸人的报复。自 1885 年缅甸最后一次被吞并以来，缅甸人民所有的财富和权力都掌握在外来者手中。

有幸被抬下来的难民会在迪马布尔医院接受护理，总督的妻子里德夫人（Lady Reid）奉上茶水和饼干为他们加油打气，然后将其送往印度的收容中心。这些都是幸运儿，因为曼尼普尔公路于 5 月 7 日竣工 5 天后，伍德（Wood）将军就下令关闭了公路，以断绝试图逃跑的约 45000 人的后路。他们被引导到另一个山口，即潘山（Pan San）和胡康河谷，前往鸦片商人使用的一条小路。伍德将军命令 ITA 沿着这条小路设立哨所，越远越好，以便难民可以在那里获得食物和基本的医疗服务。

随着季风的临近，这位将军做出了一个奇怪的决定。似乎军队准备牺牲这群语言多样、许多人为混血儿的杂牌军，将他们置于疟疾丛林、令人畏惧的胡康河谷的汹涌河流，以及痢疾、疮病和饥饿的肆虐之中，目的是保持新道路畅通无阻，供部队使用。这一决定导致了约 4000 人死亡，但没有人因此受到责难，历史学家也对这一事件不予置评。

当时一名侦察军官写的日记显示了这些人面临的恶劣条件："……雨中在泥泞的小路上艰难行进，数以百计的蚂蟥，撤离人员疲惫不堪地抵达目的地，然后不得不在晚上搭建掩体，在有如此多沙蝇和其他昆虫叮咬的情况下，就算能睡，也只能睡在湿毯子上，在雨中试图生火做早餐……"[126] 淤泥太深，许多人掉进去就没有力气爬出来了。在天气允许的情况下，英国皇家空军会空投补给品，茶园医生会尽力救治到达营地的人。妇女、儿童和老人死亡后，他们的尸首只能留给野兽享用。

还有另一条逃生路线，位于更北方，泰森（Tyson）称之为"一条更为高级的俱乐部式路线"，但这实际上只是一条小径罢了。沿着它前进的小队迷路了，最终被一位名为吉尔斯·麦克雷尔（Gyles Mackrell）的加尔各答商人救出，这位商人租下了大片地区进行大型狩猎。他们还得到了一些当地山民的帮助——作为搬运工、桥梁建造者、渔民和测绘师，这些山区人民在保卫印度安全方面的作用几乎与茶园劳工一样重要。他们死亡人数众多，许多人死于脑膜炎，许多人则因意外身亡。

与此同时，日军暂停了攻势，这不仅是因为1942年的季风，也是在为第二年的攻势做准备。因为他们也想使用这条达武公路，而届时这条公路基本上就会竣工。但他们或许是在等待到时候能够有其他更宽的，清除了塌方的公路。他们飞过这些地区，投下了一些炸弹，观察着机场为美军和温盖特的钦迪队做好准备。这些机场最终对他们也会有用。

到1942年9月时，茶园显然需要定期和长期的劳动力，因此茶园被命名为"影子部队"，并规定了每个茶园的确切配额——每100英亩10人。他们的工资从每周12安那提高到1卢比，生活条件也略有改善。孟加拉又遭遇了一场可怕的饥荒，却不得不优先向他们提供稻米。牛排和冰激凌则被空运给美军。一种秩序井然的安顿感开始显现出来。此外，还有一位茶园主会负责管理一个很大的菜园。

这段和平在1944年4月被打破，当时日本人从曼尼普尔道路的两侧接近并攻击了科希马（Kohima）。一场著名的战役打响了。由于没有空中优势，日军败退，成为被追击的对象。再后来，日本又成为原子弹的目标。美军回国，茶园的劳工也是如此。阿萨姆只剩下几座机场、几架飞机（达科他式）、几辆吉普车，以及不计其数的混血儿童。茶园主的妻子们对那段战争岁月久久不能忘怀，同时也深感痛惜。

韦维尔（Wavell）将军与其他许多人都表达了感谢与祝贺，他赞扬了 ITA 和茶园为最终胜利所作出的完美无私的贡献。然而，ITA 的秘密文件显示，从一开始，驱使他们行动的更多是命令而非无私的爱国主义。这一点在 1944 年的一份通告中表述得很清楚。他们提供劳工是为了保护行业免受军队及其代理人任意征用的影响。承包商从庄园挖走劳工，提供更高的工资，而茶园却因这种持续的缺勤一无所获。他们在一份高度机密的文件中表达了自己的观点："无论如何，我们都必须避免一个伟大行业被迫经历改变其角色的屈辱。"简单来说，他们必须避免被认为出于自私的动机而不愿帮助战争。

实际上，一切从一开始就很明显，这个行业将从战争中获益匪浅。英国政府将为送到茶园的替代品支付费用。尽管在 1942 年——危机之年，茶叶产量达到了 4.7 亿磅，是有记录以来产量最高的一年，但人们还是填写了农作物损失补偿表。在部队中流动的茶车上卖出了 2100 万杯茶。到 1945 年，利润增长了 200%。多年来，关于赔偿问题的通信越来越尖锐。在修路过程中，6884 名茶园劳工死亡，这一数字被认为"低得令人欣慰"。同时只有一位茶园主不幸去世。

在战争结束后颁发勋章时，难道就没有人想过，究竟是谁赢得了战争？或者，为什么茶园工人、那加人、阿波尔人、卡西人、米什米人和其他人胸前没有悬挂大英帝国员佐勋章（Member of the British Empire，MBE）？没有他们在科希马战役中修建公路和为部队提供补给的工作，日本人可能早就打到印度了。

在这三年半的时间里，除了应对日本的威胁，茶叶行业还有其他工作要做。1943年1月，政府告知ITA，《印度茶叶管制法案》（*Indian Tea Control Bill*）已经提出，中央政府将在该法案中设立工资定价机制。该法案遭到强烈反对，政府被说服推迟该法案，转而立即进行调查：另一次调查，另一份报告。

由于缅甸边境关闭，物价上涨和大米短缺给留在花园里的劳动力造成了困难。工作加重后，他们可以购得额外的优惠大米，但无论如何工资都不会提高。在苏尔玛河谷（Surma Valley），他们也有一些布匹津贴，但ITA阿萨姆分部甚至拒绝给予这些津贴。他们还对一项禁令提出抗议，该禁令要求：如果因为茶园主发生罢工而要临时关闭工厂，则需要提前四天通知工人停工，否则需向没有罢工的工人发放代薪。他们大声抗议强制承认工会地位的法令。他们说，《贸易争端法案》（*The Trades Dispute Act*）不适用于茶园劳工；他们要求"将种植园劳工明确排除在立法范围之外"。

《印度防卫法案》（*The Defence of India Act*）对茶叶行业非常有用，因为它禁止在茶园或其他任何地方举行公共集会。当雷格（Rege）先生受命领导新的调查组时，他在1944年的报告中透露，茶园几乎处于被包围的状态。"茶园劳工完全没有组织，束手无策，而茶园主则组织严密，势力强大。"此外，报告再没有说什么新的内容。

雷格发现调查很难进行，因为 ITA 说这种探访会使劳工不安。只有亲属才能进入劳工的住宅，而且只允许举行宗教和社交集会。茶园主说，茶园是私人财产，他们有权将人拒之门外。雷格说，"结果是，我们发现大批文盲远离家园，散落在阿萨姆的各个角落，与外界隔绝，他们没有组织，无法保护自己，而雇主却组织起全国最强大、组织最严密的联盟"。

每两年造访一次的检查员"几乎不与工人私下交谈，即便茶园经理或主管不在场……他们只能从茶园经理那里收集必要的信息"。他撇开了低工资由免费住房等福利补偿的说法："为劳工提供的房屋大多是'卡查'（Katcha）结构，四壁由竹片支撑，屋顶用茅草覆盖……这些小屋的月租金价值微不足道。"那么，他们的免费医疗又是怎么回事呢？"期望警察或士兵把花在药品、医生和医院上的钱看作工资的一部分，也是合情合理的。"

"他们的房屋呈现出极度贫困的景象。"雷格在能进入的少数几所房屋中说道。妇女没有任何珠宝，这是一贫如洗的迹象。ITA 称，当地没有学校是因为"父母十分冷漠，他们更愿意让孩子去工作"。没有福利活动，没有养老金；由牲畜踩过的开放排水沟导致当地水源"高度污染且极其危险"。所谓的医院"极不吸引人"，因为里面只有几张铁制或木制的床铺。雷格在报告中记录了上述情况并建议茶园主做出改变，但两年后，印度医疗协会的劳埃德·琼斯（Lloyd Jones）上校发现没有任何改善的迹象。实际上，几乎所有的劳动力患有贫血症，死亡率居高不下，不识字被视为理所当然的事。

由此可见，在权力不平等如此明显的情况下，自我利益的"无形之手"也不过如此。茶园经理们理所应当地追求最大利益，而那些没有组织、远离家乡的文盲劳工却没有多少讨价还价的能力，他们只知道，如果被解雇，他们将一无所有。在阿萨姆，似乎一切都不会改变。

第三部分
呈　现

第十二章

今日茶园

　　前几章描绘了阿萨姆茶工业的消极图景。皮雅·查特吉（Piya Chatterjee）的一本关于 20 世纪 90 年代茶叶劳工的著作，也提供了相关证据。查特吉是一位美国人类学家，曾在杜阿尔斯（Dooars）地区生活和工作了一段时间。[127] 书中描述了过去人们对女工的忽视、傲慢和咄咄逼人的行为，以及一直延续到今天的恭顺。查特吉发现，女工经常工作过劳，工资一直很低，有时还受到性骚扰和欺凌。在采摘季节，她跟着她们到菜园采摘，早上 6 点第一声汽笛响起后，他们就离开家，此前她们会为家人煮好米饭、蔬菜和扁豆。她们采摘了数小时，然后在上午 11 点携带着一袋茶叶步行两英里至称重棚："在丰收的季节，成捆的茶叶压倒了瘦小而弯曲的身体"。平均每名采摘者要采摘 54 千克，但也有采摘 100 千克的。

　　称重后休息片刻，然后又继续工作四五个小时。从事这项繁重的体力劳动，她们每天可获得 32 ~ 40 卢比的报酬，约合 60 便士或 1 美元。一位能干的妇女，在收成好的季节可以挣到两倍多一点。海报和宣传单上面带微笑的诱人妇女与现实中疲惫不堪、经常怀孕、营养不良的妇女几乎毫无相似之处。查特吉形容茶园学校的教学"乏善可陈"，文盲是常态。孩子们一到法定年龄就会被雇用，管理人员像看马一样检查他们的牙齿，计算他们的年龄。这就是 1990 年的杜阿尔斯地区，可能与临近的阿萨姆非常相似。其他茶叶种植区的条件可能更糟，性骚扰的程度也更严重。例如，有传言称，在东非部分地区，新来茶园工作的女孩甚至会遭到蓄意强奸，并因此染上艾滋病毒。

我们鲜少听到的是故事的另一面，即种植者及其协会的辩护，他们对其巨额利润和种植园体系的辩解。有一种危险是事后诸葛，忘记了在 1868 年后的百年间茶叶所处的世界整体背景。因此，有必要了解一下自 1966 年艾丽斯离开后阿萨姆发生了什么。从那时起，茶叶和阿萨姆发生了怎样的变化？当年为英国人打工的印度人如何看待英国人控制印度茶叶行业的那段日子？[128]

在英国，斯莫·达斯先生讲述了他的茶叶行业经历。[129] 他 1951 年出生于孟买，1972 年加入茶叶行业。他是较早一批受过良好教育（曾就读于杜恩学校），并接替英国人的位置成为茶园主的印度人。起初，他在加尔各答是一个"小商贩"（box wallah），从 1975 年开始，他在一家茶园担任了两年的临时助理经理。1981 年，他离开印度前往英国，成为一名管理咨询顾问。

1975 年，当达斯在阿萨姆成为助理经理时，仍有几位英国经理留在岗位上，加尔各答的高级英国行政人员也在职。所有高级职位仍由英国人担任，达斯的经理也是英国人。20 世纪 70 年代初茶叶价格走低后，大批英国人离开了印度，但有些人又继续做了十年的经理。那些人虽然离开了，但是他们的"幽灵"还在，很多人经常回忆和谈起在过去打过交道的"老某某"。他们留下的是什么样的"幽灵"——是古老且无情的帝国式残暴者，还是古怪的英国人？

　　这些人更像是古怪的英国人，而非无情的匈奴王阿提拉。大多数故事讲述的都是那些已经融入这片土地的人，那里就是他们的家。当他们回到英格兰时，他们感到非常痛苦。不，他们已尽了最大努力，我所接触的茶园员工确实非常敬仰这些人。我可以谈论"琼斯"，因为他是我的老板；他在茶叶行业工作了三十年。即使现在回去，那个庄园的大多数人回想起他时，都会带着温暖，他们非常喜欢由英国人来管理庄园。我认为英国人之所以受到如此喜爱，无论是在加尔各答还是在茶叶行业，主要是因为公平，被感知到的公平。实际上，我们听说的不好的情况通常是那些偷窃、走私茶叶的家伙，他们只是普通的骗子。并没有关于虐待人的恐怖故事，这很有趣。事实上，我可以告诉你，在这个从英国老板转为印度老板的过渡期间，十个人中有九个会选择英国老板。我可以以印度人的身份这么说。而且，无论他们是否是家庭用人；甚至直到今天，我还知道一些家庭用人，如果可以的话，他们会设法避免为印度家庭工作。部分原因是他们觉得自己得到了更好的待遇和公平的对待。

　　许多从英国人手中接管茶园的印度人只是他们的"棕色版本"而已——许多人这样指责我……但我完全不认为这是一种侮辱。他们是棕色的老爷（Sahib，印度旧时对欧洲男子的尊称），也许确实继承了以一种坚定但公

平的方式照顾人的方法。没有很多恐怖故事。茶叶行业
中令人不快的人，大多数并非来自外籍（侨）社区，这
很奇怪。从某种意义上说，这很令人惊讶，因为一些
进入茶叶行业的英国侨民离开英国很可能是有原因的，
比如犯了罪，或者是经济移民等。尽管如此，虽然你
可能会看到一些古怪的人，但不人道、野蛮之类的事
情却很少。我不记得有多少故事了，要想找到一个例
子，我还真得费一番功夫。英国人展现了领导风范。那
些留下来的人之所以留在那里，是因为他们非常擅长自
己的工作。

至于冷漠，达斯认为英国人确实很冷漠。

　　不过在我到达时已经不那么冷漠了。当然，在喝茶
的时候，英国人与当地人有很多交往，但几乎都是在安
静的环境中进行的，肯定有一道屏障——我猜是他们的
防御机制——他们就躲在屏障后面；孩子们被送到英国
的学校，我想是为了确保他们不会受到"污染"。当然，
我早些时候在加尔各答也看到过这种情况。直到 20 世
纪 50 年代中期，加尔各答的游泳俱乐部才允许印度人进
入。但在阿萨姆，这种分歧并不那么明显。

　　事实上，我认为这既是阶级问题，也是种姓问题。
这里有一个很大的阶级问题。如果你来自某个特定的
"阶级"，你的肤色属于棕色、绿色或黄色，那么你与来

自这个背景的英国人的共同点，就会比他们认为来自下层阶级的人（即使他们是英国人）要多。

在中上层阶级——比如欧洲大老爷和可能来自完全不同阶级的茶园主之间，存在着更大的隔阂，这种隔阂可能比两个不同种族的中产阶级之间的隔阂要大得多。

我认为从事茶叶工作的大多数人都是为了赚取足够的生活费，为了改善经济情况而移民罢了，他们中的大多数人，肯定都是如此。当时的情况与今天正好相反。据我所知，英国没有足够的财富来雇用它的人民，所以他们不得不到世界各地去谋生……这种情况总会发生。

英国人当然是出于经济原因来到这里的，他们尽可能地积攒钱财……尽可能少地花费，这一点我们确实看到了迹象，他们并没有花太多钱，说得委婉一点……或许有点吝啬。也有一些人非常慷慨……那时候没有马球比赛，尽管饮酒量巨大。他们努力工作，玩得也痛快。作为一个"小商贩"，我们被告知了一些情况——当我们上楼短暂参观时，我们看到的只是俱乐部。但当你到了那里，你会发现这些人的工作相当辛苦。

至于他们的妻子，有些是著名的"英国夫人"，但大多数是白人——这是一种母性主义……这样最好，有一些非常严厉的，也有一些不那么严厉的，但我的白人夫人非常善良。你可以从那些住宅的仆人那里得知，他们会告诉你真相。我们之所以知道，是因为他们的一个得力家仆为我们工作过，所以我们知道在英国人家庭工作是什么滋味。如果他们有问题，就会去找她。她富有同情心，所以我有非常美好的回忆。我刚来的时候，这里还是英国人占主导地位，但当我还在从事茶叶行业时，这里的情况就发生了变化。

　　第二组访谈来自作者 2001 年 11 月对阿萨姆和加尔各答的短暂访问，专门为研究茶叶而进行。在阿萨姆的茶园中，大约有 1500 名长期工人和 500 名临时工人。

　　包括工人家庭在内，茶园里共有 6000 人，居住在约 700 栋房屋中。庄园建于 19 世纪末。"平房"相当豪华，有宽阔的花园和一个网球场。有意思的是，从一楼的阳台上看不到茶树。工厂建于 1926 年，至今仍在使用的燃煤烘干机就是在那时安装的；它们的商品名仍然是"不列颠尼亚"。

　　茶园经理辛格夫妇谈起了过去的日子。辛格夫人说："这其实因人而异。其他人觉得我们住在这么大的平房里，态度有问题。有些人确实表现得高人一等——尽量保持距离。我遇到的一两个人都很好。能记住的人不多。她们都是非常温柔体贴的女士。"她的丈夫补充说："当情况有变时，他们会友好得多，并向你提供有益的建议，而今天却不是这样。如今人们不提建议，也不愿意接受建议。"

　　"和这些老爷打交道，给我留下了许多快乐的回忆，很少有人会有这样的密切交往。"辛格先生说。

　　　人们的观念是错误的。很多评论都是从未见过他们的人说的。因为我们有巨大的居住空间，再加上仆人，所以有一种错误的观念，认为我们无法与普通人接触。英国茶园主从来没有时间与他人交流，他们能与谁交流呢？人数非常有限。当地行政部门的高层都是英国人。

进入茶叶行业的（印度）人出身于军队或封建家庭，他们在童年时代就见识过这种生活。成为茶园主的选择是基于他们的家庭背景、运动情况等做出的。开心玩耍，努力工作，尽情享受生活。英国人当时就是这么做的，我们也被告知要这么做。

当时的任务很艰巨，我们有时会感到痛苦和愤怒，但无能为力。但你要坦然面对。这从来不是出于个人动机，而是为了教育你承受围绕茶叶生活的艰辛。在茶叶行业中，你不能太软弱。包括那些在某些人看来非常严格的女士们，老一辈人教会了你这一点。她们的鼻子都翘起来了——事实并非如此。现在还在从事茶叶工作的老一辈人，他们肯定对过去有着非常幸福的回忆。

游戏规则很公平，严格的规则是可被接受的。这里从来没有偏袒对待，没有残忍行为，尽管工人们确实提到他们害怕英国人的情况。因为惩罚是当场给出的，不是转交给部门调查。当时的地方政府完全支持茶园，因为茶园管理部门是在公平的基础上采取行动的，你必须对自己的决定负责，采取这些行动绝不是为了偏私。你们可能会犯错误，但并非出于不良动机。事实上，工人和管理层之间的互动要比今天密切得多。现在的年

轻人与工人的关系不如以前亲密，因为我们知道工人心
里在想什么。现在有工作和时间的压力。过去，你每周
去两次俱乐部，尽情享受。因为没有其他娱乐活动，所
以其余时间你都要和工人们打交道。你可以更好地了解
他们。

我们还在加尔各答逗留了几天，参观了一家茶叶拍卖公司，
并观看了茶叶检测和销售情况。我们与加尔各答一家茶叶拍卖公
司的高级管理人员古普塔（Gupta）先生进行了交谈，他于1963
年加入阿萨姆的一家茶叶公司，一直工作到1997年。他说："英
国人没有什么可羞愧的。英国人非常公平，他们修建了公路和铁
路，那些地方之前可都是荒地。"

至于他们的业务素质和管理能力，他说："他们是非常优秀的
管理者。他们在一无所有的地方做出了成绩。"他也认为"茶园
主确实对当地文化不感兴趣"，并举了一个例子：一位妇女曾试
图跟随当地人学习语言，但被一位有权有势的英国夫人告知"不
能这样做"。他认为，不与当地文化和人民打交道的压力可以追
溯到兵变时期，"在此之前，他们混杂在一起，而在此之后，你就
必须分裂。英国人确实很冷漠"。他与英国上司的关系显然非常
融洽，因为他仍不时去苏格兰拜访当年结识的"第一位和第二位
英国夫人"。

至于茶园经理现在的生活，所有人都觉得和英国人统治时期
落差甚远。辛格夫妇如是说道：

对经理们而言，生活水平肯定有所下降，尽管本应该提高。对劳工来说，比那个时期肯定是提高了。俱乐部生活逐渐衰落——人们互动减少了，因为有了电视等。危险和不安全感增加了，人们不愿意在夜间出行，游戏已然消失。年轻人自己照顾孩子，因而家庭生活更加稳固。不过，正因为年幼的孩子总在身边，母亲和家庭往往会受到束缚。过去，在英国统治时期，孩子们经常被送到学校读书，现在情况已经改变，疏离感逐渐加剧。人们开始变得物质化——考虑未来、考虑存钱等，诸如此类彻底剥夺了茶园生活的魅力。过去，你做任何事情都是临时起意——这个周末你会做什么便是你最大的计划……

如今工作压力越来越大，茶园经理约有 60% 的时间要用于劳动力管理，并且文书工作（重复填写政府表格等）也大量增加。此外，俱乐部生活质量也开始下降，因为很多本地人都加入了茶叶行业，并形成当地的小团体；以前，人们都是从很远的地方来的，因此才需要俱乐部的存在。

达斯先生很好地描述了管理人员工作节奏发生巨大变化的一个特殊原因。

三四十年前，茶树已然被直接修剪掉。因此，从 10 月到次年 3 月之间基本上不采摘。20 世纪 70 年代中期，我在那里工作的时候，四分之三的茶园都已经修剪过了——虽然只是轻微修剪，只修剪树丛的顶部。我记得有一年，我们在圣诞节前夜停止了采摘，到了1月中旬才重新开始。我们只有两周左右的时间不需要采茶，但在过去，种茶人的日子真的很好过，他们有6个月的采茶淡季……他们可以去射击、钓鱼，做自己想做的事。工厂方面的情况更糟，他们大多是机械化程度不高的工厂，因此无法应对高峰期，所以要夜以继日地工作。

达斯先生也叙述了他记忆中茶叶工人的生活。

可以说，到1975年，一切都发生了翻天覆地的变化。以我所在的一家茶叶公司的经历为例，我不认为你可以把阿萨姆任何一个茶园的工人与坦布里奇韦尔斯（Tunbridge Wells）的居民相提并论，但你可以比较一下住在茶园隔壁的阿萨姆人的命运。他们在田里耕作，在土地上生活。政府在医疗、教育等方面为他们提供了什么？这样的比较才算合情合理……

当地医疗服务非常出色，真的非常好，有着一流的医院。我们还有私人飞机，紧急情况下可以把人送出去——我知道工作人员就是这样做的。医疗服务相较之下真的非常好，比如，临近印度的医院情况就要差得多。

学校教育情况也并不差，不过最大的缺憾便是人们有着经济压力，因而需要外出采茶，但我认为这种情况已经有所改善。大多数家庭会把孩子送出去工作而不是上学，因为他们需要钱。有大量的立法来保护劳工，他们有工会组织，但无法立法的现实条件才是关键。

我来举个例子，这件事情公司并不感到自豪，我也同样不以为荣，那就是住房问题。在茶园里，有一半的房屋是可用的，尽管这些房屋依然非常糟糕，但起码合规。另外一半则是卡查结构的房屋，每年都需要耗费巨大代价来重新覆盖茅草屋顶。其实我们完全有能力建造更好的房屋。然而，由于水泥供应紧缺，所有的住房计划都受限于水泥的供给情况。但如果需要水泥来扩建工厂，那么这件事就成了优先事项，继而意味着工人的住房问题将得不到解决。我们虽然提供了水泵——仅仅是手动泵——但是由于零件无法获得，这些泵很快就无法使用了。茶叶公司曾尝试改善状况，人们也开始更多地关注工人阶层的问题。

因此，总的来说住房条件好坏参半，医疗条件不错，教育条件尚可，但也面临压力（就像工业革命时期的英国一样）。在工资方面，由于都是集体谈判，平均工资水平远远高于无组织部门……阿萨姆地主支付的工资只是茶叶工人工资的一小部分。他们的工人为了能在茶园找到一份工作，不惜杀人越货。

从放贷人处可以筹得结婚或其他紧急事件需要的钱。另一个问题是酒，我记得当时我把尼泊尔酒商赶了出去。工人因嗜酒而债台高筑，充满绝望。

　　至于条件，我不得不说，虽然比临近区域的条件好得多，但这些房子还是让人宁愿在里面养羊，而不是自己住。作为一个人，你不会真的想生活在那样的条件下。遗憾的是，印度大部分地区的情况都是如此。

至于公司成为印度企业后茶叶工人的境况，达斯先生认为：

　　说实话，有所退步，我认为进步的英国公司走在了印度公司的前面。坦率地说，印度企业家并非最好、最负责任的企业公民。一般印度商人都是马尔瓦利人，而马尔瓦利人对劳工福利这样的事情并不感兴趣，他们只在乎钱。对我来说，在印度，我认为称得上好企业公民的只有塔塔公司。不幸的是，他们只占少数。当然，私有的印度庄园条件并不好，可以说是很差：腐朽的房屋、老旧的机器、不堪的经营，加上因为不遵守各种规定而麻烦不断。真的一点都不好。

至于健康状况：

　　在我到达那里的时候，疟疾已不再是个问题，因为当地进行了广泛的喷洒消毒工作。最初是使用 DDT 来解决这个问题的。人们将滋生蚊虫的死水抽干，在那些小屋里安装了空调。最初，卫生情况是个可怕的问题，但等去的时候，这个问题已经解决。事实上，酗酒才是影响工人健康的主要因素，是个严重的问题。数百名工人在看过电影、逛过酒吧后，醉酒倒在路边，这是常见的景象。他们喝下的量足以致命。据我所知，他们之所以喝这种酒，是因为他们缺乏热量摄入，需要这种饮料来补充能量。然而，这种酒精饮品并无营养价值，这也是他们身体消瘦的原因。他们非常瘦弱——就像印度的其他人一样。此外，他们从黎明到黄昏都在工作。然而，酗酒问题在茶园工人之间甚至比印度农村地区要严重得多。

关于工作时间和工作内容：

很多工作都是由女性完成的。基本上，她们做得更好。一般来说，工作都是以"提卡"（tika），即计件工作为基础的。人们根据产出而不是工作时长获得报酬。人们白天都在工作，机器喷洒工作包括两班6小时制：12小时。从事采摘工作的人一天可以工作10 ~ 12小时，大部分时间都在闲聊。

我似乎记得，顶尖的采茶工一天的产量达二三十千克。但照此采得的茶叶不是茶树枝头的叶子，也就是说不是两片嫩叶和芽苞在一起的那种叶子。只摘两片嫩叶，如芽苞的采摘法叫"嫩采"。很多被采摘下的叶子其实是位于枝条靠下的厚重叶子。这些粗茶的重量是茶尖的10 ~ 20倍。如果茶园失控，茶树猛长（季风季节就会出现这种情况），那么你就会采到很多树枝。你不能只采摘很轻的茶尖。因此，想赚钱的人可以这样做。而那些不愿意辛苦工作的人，最后只能在平房里当用人。

我询问了达斯先生，自从 1981 年离开印度后，他印象中的印度有没有改变，是变得更好了，抑或变得更糟糕了。

我虽然有过回访并保持联系，但就生活条件而言，阿萨姆已经失去了所有的美好部分。因恐怖主义在阿萨姆盛行，以及茶园里的人员被绑架，那里的环境已经变得非常可怕。至于今天的工人与他们的当地同行相比，究竟是境况更差还是更好，我不得而知。但我怀疑情况并没有发生太大的改变。这很难说，因为印度出现了全新的中产阶级，而我认为茶园的工人并没有融入其中。不过，也许茶园的行政人员能够做到。

辛格夫妇描述了如今茶园的教育状况。

教育方面存在着相当大的问题，许多年轻人感到不满。政府已经从公司手中接管了这些学校。学生辍学率很高，很多学生只读到六、七年级，他们感到挫败，给茶园管理层造成了焦虑。他们觉得在田间劳作是一种低下的、卑微的工作，这让他们感到沮丧——他们不想在茶园工作。我们希望工人接受教育，因为受过教育的工人会工作得更好——那些至少接受了九到十年级教育的人能够理解这一点。他们的生活会过得更好，工作习惯也会发生改变。

我询问了与在茶园外工作的人相比，茶园工人的工资如何。

茶园工人得到的薪资可能略低于外面的工人，但他们享受的设施和特权是巨大的。他们有免费的住房、医疗保健和防护服装。还有几乎可以说是免费的食物，人们只需支付半卢比就能获得 1 千克米或小麦——这是 1952 年的价格。公司为工人提供了公积金，数额为工人工资的 12%，工人还享有养老金、退休金和保险。他们的未来得到了很好的保障。等他们退休后，接替他们的人并不难找，因为我们不需要在外面找人，而是优先考虑他们的家人。这算得上是一种习俗，即在同一个家庭中寻找替代的苦力。

女性和男性的工资水平完全相同，只是女工的工作强度较低。我们雇用 15 岁以上的劳工。15 岁到 18 岁的劳工属于青少年劳工，工资和成年劳工实际上是一样的，但他们的任务和工作时间只有 5 个小时，而不是 8 个小时。如果工作繁重，他们只做一半。劳工每周工作 6 天，拥有年假——每工作 14 天就有一天年假。他们还有节日和假期，而且还挺多。通常情况下，每年的工作日为 300 天或 302 天，带薪假期为 12 天。

有些工作是任务性质的，比如采茶等奖励任务。最低任务是采摘 21 千克茶叶（嫩叶），达到这个量，他们可以拿到全额工资。超过这个量的茶叶，他们每千克还能再拿 27 派士（印度过去的货币单位，64 派士等于 1 卢比）。妇女可以休 3 个月的产假，休产假期间，所有福利照拿，还可以享受托儿补贴，不需要任何费用。

对于茶园医院能够治疗的疾病，医院实施百分之百的免费。茶园医院有 52 张病床，可以进行小型手术。那些在茶园医院无法处理的病例会被转诊到地方医院，他们的治疗费用、检查等所有费用都由公司支付。不仅是工人本人，他们的受扶养人也同样享有这些福利。这里的受扶养人指的是学龄前子女。

目前，成年男性和女性的日工资为 43 卢比（约合 70 便士或 1 美元），而青少年的日工资比这个数字少 17 派士。

情况确实有所改善。当我加入茶园工作时，我们有 10 岁或 11 岁的小孩在田间工作，但现在不再有这种情况。现在，没有任何未满 15 岁的孩子在茶园工作。要记住，如今的任何发达国家过去也曾使用童工；即使在现在的美国，孩子们也会派发报纸等。如果孩子有 14 或 15 岁，母亲可以带她去帮忙，增加母亲的额外茶叶收入——我们不鼓励这样做，但也不禁止。工人们可以借此赚取一点额外的钱，但这不算使用童工。

早期的劳动力不是债役工，而是合同工，尽管他们确实无法脱身。现在不签合同，他们都是长期受聘的工人。1952 年的《工业法案》（*The Industrial Act*）已经颁布，他们有自己的规章制度，比雇主受到更好的保护。

我们没有从印度其他地方引进劳动力。我们有足够的劳动力，事实上，很多人都到茶园外面寻找工作。我有 1500 名长期劳工，农忙时会再多招募 500 人。另外，还有 500 多名住在庄园里的人外出工作，我们对此并不介意。

茶园的工作条件要比在农村干农活好得多。根据种植园管理法，茶叶管理部门必须提供很多东西。政府应该在农村做却没有做到的事情，茶园肯定都做到了……

就拿供水来说。在农村，他们仍然饮用露天井水等。在茶园，我们有一个过滤厂，水经过过滤、加氯等处理后由管道输送。也许不是每户都有水龙头，但 8 到 10 户可以共用一个水龙头。人们有洗澡的隔间和干净的厕所。现在，他们是否好好利用这些设施我们很难判断，但我们已然尽力而为。在当地政府于茶园中办的小型政府学校里，如果政府没有提供厕所，我们会提供厕所设施。对我们来说，一个更健康的工人就是一个更好的工人——在这方面我们舍得花钱。

工人的主要疾病基本上是一些胃病和季节性流行的病毒性发烧。这里没有疟疾，每 6 个月一次的科学喷洒已经解决了这一问题。针对常见病进行的预防接种和疫苗注射得到了百分之百的落实。

茶园里没有营养不良现象，因为他们有补贴口粮。

他们有足够的土地种植蔬菜，有自己的牲畜。他们每周吃三次肉，他们养山羊和猪。人们不太喜欢喝牛奶，尽管养了许多奶牛，但只是为了用来耕地和获取粪肥。因此，（婴儿）死亡率约为全国平均水平的一半。

辛格夫人还谈到了女性的生活。

对工作而言，妇女的参与度更高，赚取的收入也更多。同工同酬，产假合理，且大多数茶园都有不错的医生。在教育方面，女孩的学习更好一些。女孩的辍学率更低，考试成绩更好。女孩的普遍结婚年龄是 16 至 18 岁，尽管 18 岁才是法定结婚年龄。

我们设有健康营，提供一些避孕和家庭计划服务，生育率明显低于国家平均水平，这也是我们自己的利益所在；较少的人口数量意味着能提供更好的设施。以前，这里有许多大家庭，而如今，随着生活标准的提高，人们的预期寿命增长了，工人们也意识到拥有一个较小的家庭是更为可取的。工人们注意到，没有生很多小孩的家庭生活得会更好一些。我们会记录家庭成员的人数；如今，每个家庭平均有三四个孩子。那些受过教育、至少上过八九年级的工人，会将自家孩子的数量限制在三个以内，尽管男孩仍然更受青睐。人们意识到他们的孩子中只有一个能在茶园得到工作——因为茶园的规模并没有扩大。

辛格先生总结道："在我的茶园里，大多数人的房屋中都有电，他们拥有电视机，因此能够了解世界上发生的事情。电影录像带非常受欢迎。如今，工人更加了解自己的权利。他们不再是可以轻易欺骗的对象，你如今无法糊弄他们，而且工会领导就在那里。工人不再是那种只能留下拇指印的人。他能够识字认字，且能和雇主争论。"

他刚刚解决了与工人就减少年终奖金而发生的长达 13 天的纠纷。在此期间，他们把他关了几个小时。他可以申请获得保护，一些茶园经理也已经雇用了保镖。但他拒绝了这一提议，因为这笔费用相当于他一年的工资，约 5000 英镑。

辛格夫妇承认，茶叶种植业非常保守。

在这里，许多传统习俗仍然保留着。机器老旧，没有更换过，工作标准也……我们在引进新事物方面非常保守。我加入公司时，我们曾一度从印度理工学院（Indian Institute of Technology）聘请了最优秀的人才，但他们只工作了一两年就离开了。他们的聪明才智没有得到好好利用。经理们没有这方面的资质，所以无法理解他们。

在许多方面，制茶的魅力和美感依然存在，因为我们并未做出太多改变。印度南部的一家工厂已经完全实现机械化，但它生产的茶叶并不出色，日本也是如此。我们需要缓慢地变化。旧机器运转情况良好——也许只需要对旧机器稍加改进即可。茶叶总体上来说是一种食品，仅靠机器是无法生产的，一定程度上的人工辅助仍是必要的。

变革缓慢的原因之一在于提高茶叶生产效率非常困难。它已经运作得很好了，为什么还要改变呢？事实上，有些人认为它确实运行得很好——至少就生产产品的高效机器而言。达斯先生作为全球管理顾问，拥有广泛的经验与阅历，他对此进行了很好的总结：从全球角度来看，茶叶行业的组织结构非常完善。

世界上某些地方，如加尔各答和阿萨姆，极度依赖茶叶。成千上万的人以此维生。在为茶叶辩护时，让我印象深刻的有这样一个差异：据称精通水稻种植的印度，在世界各国每英亩产量排名中仅位列第五十二。而在茶叶方面，我们遥遥领先。我觉得这非常令人鼓舞。在我看来，这正是拥有公司、大型种植园、专业化经营的效果，尽管基本所有利润都被抽走，但生产力还是得到了很大的提升。

我相信，在你明白如何创造财富之前，你不必担心财富的分配。如果你能创造财富，你就能提高人们的生活水平，反之则不可能。作为一个高效的企业，雇用大量人员，并赋予印度它至今仍享有的地位，我相信，如果我们没有英国人和种植园式的产业，我们将会像土耳其和其他地方一样，有成千上万的小农场——这极其可怕。只需对比土耳其和印度，就能了解该怎样做和不该怎样做。我去过土耳其，带回了一些茶叶样品。一位经纪人说，带回的茶叶无论多少钱都卖不出去。那里的种植就像是后花园的业余爱好，或者至少过去是这样。

因此，私营部门组织良好；人们急于批评的资本主义实则给人们提供了工作机会。然而，我不得不说，在我们曾经的模式中，这种模式是行之有效的。时至今日，在印度，任何来自这种背景的模式都比小型基布兹式的思维方式更胜一筹。

然而，这并不能成为劳动条件改善缓慢的理由。亚当·斯密提出的良性资本主义模式认为，供求关系这只"隐蔽的手"将确保工人参与产业收益，但这一模式并未奏效。达斯先生也深刻地认识到了这一点。英国人可能还算公平、有效率，但和他们的后继者马尔瓦利人一样，几乎所有人都想尽可能多地赚钱——正如前几章所提到的那般，几乎没有什么力量可以与之抗衡。这也就解释了他为何做出如此尖锐的评价。

实际上，这就是我对英国茶叶体系的总结。在我看来，整个英国在印度的存在更像是一个高效的财富转移机器。一位英国人告诉我，1900 年时，英国 25% 的收入来自印度，这本身就说明了很多。

我们应当知道的是，英国在 1870 年至 1970 年所获得的利润并不正当。我指的是，其中一些利润实在是令人尴尬。对一家公司而言，一年之内获得其发行资本两倍半的利润并不罕见。当然，这些利润也用于缴纳税款和其他费用，但茶叶行业确实是一项赚钱的行当——至今仍是如此。就我所知，在茶叶行业，即便是在不景气时期，其状况也比我后来在这里所接触的大多数行业要好。

因此，如果将这些公司所有者这些年来的巨额利润与他们在这些事情上的投入进行权衡，这个故事就不那么好听了，而我认为人们有理由对其进行质疑。然而，许多行业的情况都是一样的。

在 19 世纪，英国人的奢华生活和巨额利润与劳工们的贫困与苦难之间的鸿沟极其深，但这种情况直到 20 世纪最后一个季度才开始有所改变，这与更广泛的政治事件有关。

1979 年 4 月，几位年轻人在废弃的阿洪国王王宫里开会，讨论建立一个自由的阿萨姆，在这里，自然资源将为本地人民所利用。自 20 世纪 40 年代起，阿萨姆谷周围的山区就存在分离主义运动，但直到 20 世纪 80 年代，建立独立的阿萨姆的愿望才爆发成为暴力的分离主义斗争。[130]

阿萨姆联合解放阵线（United Liberation Front of Asam，UFLA）"几乎瓦解了当地政府，并建立了一个平行政府"。长达百年的剥削引发的挫败感爆发成武装叛乱，以爱国主义的名义进行恐吓、勒索、抢劫和敲诈，为国家争取长期以来被剥夺的权利。

UFLA 很快与国外其他团体建立了联系。有的国家已经在那加人和米佐人争取独立地位的斗争中投入了资金，现在 UFLA 的领导人前往那里接受战术、反情报和武器使用方面的密集训练。

西北边境省的达拉（Darrah）是当时世界上最大的武器市场。

国外机构鼓励并建议在阿萨姆进行大规模行动。他们说，要破坏通信设施，攻击石油田等经济目标并将其炸毁，制造混乱，然后整个国家就会陷入战乱。但 UFLA 的领导人更为谨慎，他们知道有多少人依赖政府工作。他们虽然不赞成政府，却依赖于它。尽管对年年洪水、未兑现的承诺、日益增加的失业感到厌烦，他们仍然对潜在的混乱持谨慎态度。起初，UFLA 扮演着类似罗宾汉的角色，抢劫银行和商人以资助道路建设和堤坝修建。他们属于中产阶级的阿萨姆人，对暴力行为感到不安。

然而，他们还想要更多的训练和武器，就像之前的那加独立战士一样，于是他们利用了克钦人的联系。克钦人在边境地区长期对抗自己的腐败政府，进行着游击战。他们乐意提供帮助，但要求支付 6 万美元用于武器和训练。

从训练营回到阿萨姆的年轻人变得更加坚决和自信。在接下来的 4 年里，阿萨姆几乎完全处于他们的控制之下。他们进行了抢劫、勒索和威胁，大量资金流入。他们的行动变得越来越大胆、残忍，甚至包括绑架和谋杀在内的手段。

假借 UFLA 名义的团伙开始四处流窜，尽管一旦被抓，他们的头目就会被立即处决。茶园交了钱，很少有低于 5 万卢比的。1990 年，当 UFLA 处于权力巅峰时，警察受其收买，恐惧的气氛在阿萨姆蔓延。农民们对村庄附近的叛军营地不闻不问，假装"一无所知"——他们不是叛军的目标。本地政府似乎无力采取行动。

1990 年 5 月，UFLA 召集了四家大型茶叶公司的高管，在一家典雅的经理平房里召开了一次会议。领头的茶园主发言人表示愿意捐赠10辆拖拉机，用于建立向日葵种子农场。UFLA回答道："谢谢你的好意，但还是不了，我们更需要300万卢比。"一些公司付了钱，但国际巨头联合利华（Unilever）公司拒绝了。正是这次拒绝引发了一连串的事件，导致叛军垮台，结束了他们独立阿萨姆的美梦。

联合利华联系了位于伦敦的印度高级专员公署（Indian High Commission），随后颁布了《动荡地区法案》（*Disturbed Areas Act*）。1990年11月7日，一架波音737飞机将高级商务执行人员及其家属从阿萨姆撤离，第二天，阿贾尔·辛格（Ajar Singh）将军被召回。他回国后组织了印度有史以来规模最大的一次和平时期军事行动，10天内调动了3万名士兵。

11月28日凌晨4点，全副武装的部队乘坐装甲人员运输车从军营出发，直升机起飞空投伞兵。UFLA被宣布为恐怖组织，加入该组织的人被视为叛国者，可被判处死刑。

印度军队在阿萨姆的泥泞和丛林中行动，发现打击和搜捕UFLA不是一件易事。据后来的人权组织披露，他们的做法包括强奸和酷刑。经过数年的持久斗争，UFLA逐渐消失，印度军队也留下了大片集体坟墓，这至少表明他们的行为有问题。虽然开始时他们并未迫害村民，但是后来，黎明时的突袭、严厉的审问、抓丁行为让村民们感到恐惧。

1992年，在德里进行的谈判以相当模糊的方式结束了这一事件。尽管阿萨姆独立并未实现，但茶园的工作条件终于发生了改变，总算出现了真正对茶叶组织施加政治压力的机会。正如记者、作家兼电影制作人桑乔伊·哈扎里卡（Sanjoy Hazarika）在其著作《迷雾中的陌生人》(*Strangers of the Mist*)中所写："如今，大大小小的公司争相为其工人及邻近村庄建立学校，提供良好的道路、医疗设施以及为有前途的运动员，特别是足球运动员，设立专业的训练中心。这些公司之所以出手阔绰，其中很多都是出于枪口、匿名信或电话威胁的原因。"[131] "很多"是一个重要的词。很明显，随着印度经济和社会的变化，情况在缓慢、保守地改善。20 世纪 90 年代印度经济的进步和政治报复的威胁突然刺激了进一步的行动，在过去的 15 年里，茶叶劳工的处境得到了巨大的改善。

从更高的层面上看，整个阿萨姆遭受的苦难与茶园劳工的命运如出一辙。也就是说，它被无情地剥削，而从其庞大资源中获得的投资回报相对较少。在整个 19 世纪，茶叶出口带来的财富主要流向加尔各答和英国。随后，这里又发现了石油，增加了其财富。但这对这个遥远地区的好处甚微。茶叶和石油的出口及使用带来的几乎所有利润都流向了中央政府。今天，阿萨姆仍然是印度最落后和最贫穷的邦之一，其识字率和电力可用率低于全国平均水平。它仍主要种植水稻，交通和工业基础设施非常落后。[132]

茶叶对世界上许多国家来说是一大福祉。富裕的国家和印度本身应该有足够的智慧，确保将从石油和天然气中获得的利润更公平地返还给在阿萨姆工作的人。极端行动和抵制只会使成千上万非常贫穷的人的工作岌岌可危。然而，如何确保公平贸易，并将利润归还给生产者，种植业界应该对此仔细考量。正如人们正在研究如何改善可可、咖啡、橡胶、棉花、蔗糖和其他热带种植作物的生产条件一样，茶叶的可观利润和饮茶者的愉悦，也应该让茶叶劳动者受益更多。只有当这种绿色黄金所创造财富的一部分（后来这种财富又流到了其他地方）帮助了阿萨姆人，那才是公平。

　　艾丽斯·麦克法兰在喀拉拉邦（Kerala）看到的生产条件良好的塔塔茶园，可以作为印度和其他产茶国茶园的典范。

第十三章

茶与身心

消化器官支配我们的智力，这非常奇怪。除非我们的胃愿意，否则我们既不能工作，也不能思考。它指导我们的情感，激发我们的激情。吃了鸡蛋和培根后，它会说"去工作吧"。吃了牛排和波特啤酒后，它会说"去睡觉吧"。喝了一杯茶（每杯两勺茶叶，切勿泡超过三分钟）后，它会对大脑说"现在起来，展现你的力量。表现出你雄辩、缜密、温柔的一面；用清澈的眼睛洞察自然与生活；展开你那白色的思维羽翼，像神灵一样，翱翔于你脚下旋转的世界，穿过长长的星光大道，飞向永恒之门！"

　　　　　　——杰罗姆·K. 杰罗姆（Jerome K. Jerome），

　　　　　　　　　　　　《三人同舟》（*Three Men in a Boat*）

茶叶中含有的500多种化学物质能以多种方式改变人的身心。由于世界上一半以上的居民都喝茶，因此这种影响被广泛传播。早在19世纪之前，亚洲人和欧洲人就对饮茶对人脑和身体的影响有所认识，但从19世纪70年代开始，这些影响开始被认真记录下来。

19世纪，在中国和日本的西方观察家们非常了解茶的一些医疗功效。美国历史学家卫三畏比大多数人更了解茶在中国的作用，他在中国当了 43 年的教师，后来成为耶鲁大学的教授。在他的两卷本《中国总论》（*The Middle Kingdom*）中，他对茶叶中使其具有吸引力和医疗功效的物质进行了推测。他的推测是以比较的方式做出的，即将茶与其他非酒精性刺激饮料对比。"通过化学分析，我们了解了用作温热饮料的四五种物质的成分，即茶、咖啡、马黛茶（maté）、可可、瓜拉那饮料和可乐，这些物质中含有三种共同成分。因此毫无疑问，它们的功效归功于这三种成分。"其中一种是"挥发油"，它赋予了茶特殊的味道。第二种是他所说的"咖啡碱"，也就是我们现在所说的咖啡因，他认为这是"茶对身体产生作用的主要诱因与回馈机制"。

如果把几片细碎的茶叶粉末放在一个表面皿上，盖上纸盖，放在热板上，就会有白色的水蒸气慢慢升起，并以无色晶体的形式凝结在纸盖上。无色晶体在不同种类的茶叶中含量不同，从绿茶中的 1.5% 到 5% 或 6% 不等。咖啡因没有气味，味道略苦，因此它不是吸引我们喝茶的物质；但化学家告诉我们，它的氮含量将近 30%。其他饮料（如咖啡和可可）中的盐，同样含有大量的氮，它们都能修复人体系统，减少所需的固体食物量，减少体力的消耗和随之而来的精神倦怠，并在较少的食物量下保持四肢和大脑的活力。茶在这方面的作用也许比其他任何食物都更令人愉悦。同时，茶在补充老年人弱化的消化功能方面要优于其他饮品，它还可以帮助他们保持肌肤弹性，以及延年益寿。

作为一个西方人，他补充道："因此，茶成为生活必需品也就不足为奇了；有位年已六旬、身体状况不佳的老妪，穷得连一点肉都买不起，就用仅有的钱喝上一壶茶，她知道茶水下肚后，她就会比没喝茶的时候更轻松、更快乐，更有体力干活，更能享受生活。她不自觉地回应了几百年前中国人所说的话：'饮茶让人身心愉悦，神清气爽。'"

卫三畏随后描述了我们所说的酚类物质。

第三种成分（在茶中的含量超过上述其他饮料）也是南亚地区人们广泛咀嚼的槟榔中的重要成分，即单宁或单宁酸。单宁或单宁酸使茶叶及其浸泡液具有涩味，在干燥良好的红茶中含量达 17%，在绿茶（尤其是日本茶叶）中含量更高。除了茶油和咖啡因，人们对单宁酸的作用尚不确定，但约翰斯顿（Johnston）认为它们有可以让饮料具备振奋、满足和镇静的作用。[133]

在邻近的日本，还观察到了其他情况。19 世纪最后的三十多年的时间里，动物学家爱德华·莫尔斯指出："几个世纪以来，日本人已经意识到，在一个污水被保存并用于农场和稻田的国家，饮用水是危险的。"[134] 他评论说，"经验告诉日本人要喝开水或茶水。"[135] 这些知识或许能解释即便没有茶叶，人们仍然会烧开水的事实。

茶的医疗益处在日本尤其受到重视，特别是在 19 世纪后期霍乱进入该国时的戏剧性事件中。"霍乱四处横行……不能喝一口冷水。茶，茶，茶，早、中、晚，以及任何可能的场合，都要喝茶。"[136] 埃德温·阿诺德爵士在 19 世纪 90 年代的一次霍乱爆发期间写道："我还要补充的是，日本人长期饮茶的习惯在这一时期对他们大有帮助。当他们口渴时，他们会去泡茶，煮沸的水使他们相对安全，不受邻近水井的危险威胁。"此前他刚从印度回来，那里除了少数圈子里的人，其他都尚未饮茶。19 世纪初，中国就已经注意到饮茶与霍乱之间的联系，"当法国人认为茶叶是治疗霍乱的良药时，广州的一家法国工厂又开工了……"[137]

美国农业署（Government Agricultural Bureau）署长 F. H. 金（F. H. King）在 20 世纪初指出了中国和日本的人口密度与烧开水之间的关联："在这两个国家，人们普遍饮用烧开的水，作为一种个人可用的、彻底有效的预防致命病菌的措施。迄今为止，任何人口稠密国家的饮用水都不可能排除这类病菌。"他认为，"开水和茶一样，是一种普遍适用的饮品，无疑将作为预防伤寒和相关疾病的一种措施。"[138]

金的写作目的很明确，就是为了影响美国的政策。他认为，鉴于供应安全饮用水的困难，美国和欧洲很可能不得不在这方面效仿日本和中国。"从迄今为止所采取的最彻底的卫生措施的成功情况来看，并考虑到随着人口的增加而必然会大大增加的固有困难，现代方法最终在卫生效率上的失败似乎是不可避免的。"他认为，"不容忽视的是，在中国和日本，饮用煮沸后的水不仅是因为农村人口密集所需，也是为了防范大城市中的此类危险，而我们的卫生工程师迄今仅在城市地区处理了这一棘手的问题……"[139]

以上所述茶与各种疾病之间的联系，主要基于观察到的关联性。在大多数历史时期，由于在显微镜时代到来之前，原生微生物和其他致病因子是不可见的，因此不可能检验这些联系。因此，直到 19 世纪晚期科赫和巴斯德发表他们的研究成果之后，人们才真正能够证明茶可能如何影响健康。更强大的实验室技术的出现和各种细菌的发现，为新的可能性开辟了道路。

1911 年，茶叶中的核心物质单宁酸（酚类）被"正式列入英国和美国颁布的药典中"，因此被用于各种医疗制剂中。其医疗价值是这样描述的：

> 当涂抹在破损的皮肤或暴露的表面时，单宁酸……（形成）保护层或外衣。此外，它还能收敛组织，阻碍液体进一步排出。它……当它直接接触出血点时，可以止血……在肠道中，单宁酸可以控制肠道出血，起到强力收敛剂的作用，并导致便秘；因此，它被推荐用于治疗腹泻。单宁酸还主要用于治疗各种溃疡、疮和湿疹。[140]

W. H. 乌克斯的《茶叶全书》系统而全面地展示了 20 世纪 30 年代茶的研究状况。书中对茶的化学和药理进行了详细论述，但令人惊讶的是，关于茶对健康可能产生的益处的论述却很少。关于健康，他指出，美国陆军外科医生 J. G. 麦克诺特（J. G. McNaught）少校曾报告说，"伤寒病菌在纯培养物中，接触茶水 4 小时后，其数量就会大大减少。20 小时后，从冷茶水中完全看不到细菌的踪迹"。[141] 这是最早提及茶叶中酚类物质抗菌特性的实验证明之一。除此之外，乌克斯只提到了一些可能的营养益处。他指出，1927 年的一则日本茶叶广告声称日本绿茶含有大量维生素 C。[142] 这可能是基于两位日本化学家在 1924 年所做的工作，他们声称在绿茶中发现了大量的水溶性维生素 C——一种抗坏血病的物质（能缓解和预防坏血病），而红茶中却没有。他还提到，1922 年一项未经证实的研究表明，茶叶中含有水溶性维生素 B，这种维生素可以预防脚气病。但总的来说，人们对茶叶中酚类物质的发展原因和特性几乎一无所知。[143]

乌克斯更感兴趣的是咖啡因问题，因为他认为这是茶吸引人的主要原因。咖啡因是一种强力生物碱，对人体系统有刺激作用，人们喝茶和咖啡主要是因为它们含有咖啡因。乌克斯讨论了咖啡因对心脏作用的影响，他的书中有大量关于咖啡因对人体效率影响的引文。[144] 既然这一点如此重要，那么他提出的许多意见都值得引述。

首先是茶在多大程度上以及如何使体力劳动更有效的问题。

咖啡因对脊髓的反射中枢有刺激作用；它能使肌肉更有力地收缩，而不会产生继发性抑制，因此，在咖啡因的作用下，一个人所能完成的肌肉工作总量大于未摄取咖啡因时的工作量。我不得不指出，这一结论与全人类对含咖啡因饮料（如茶、咖啡等）的普遍经验是相符的。[145]

或者，还有：

在许多大学中，运动教练的惯例是在网球等球类或赛艇比赛前给运动员喝浓茶。众所周知，瑞士阿尔卑斯山的向导携带茶叶，并在攀登山峰时推荐使用。在俄罗斯，茶作为一种饮料比其他任何国家都更为普遍，那些需要进行肌肉劳动的人会被给予大量的茶进行饮用……[146]

其次是心理影响。

半升慕尼黑啤酒中含有 15 克酒精，可在 20 分钟内加速心智活动，但随后存在一段明显的情绪低落期，持续时间是原来的两倍。而一杯茶则能在 45 分钟内持续让大脑活动能力保持在比平常高 10% 的水平上，接下来，实验对象就会恢复正常，没有出现酒精刺激后的不良反应。[147]

1923 年的《英国药学药典》(*British Pharmaceutical Codex*) 在描述咖啡因的作用时，对茶如何强身健体进行了描述。

咖啡因对中枢神经系统的作用主要集中在与生理功能相关的大脑部分。它能产生一种清醒的状态，并增强精神活动。对感官印象的解读更加完美和正确，思维更加清晰和敏捷……咖啡因有助于完成各种体力劳动，实际上增加了肌肉所能做的总功。[148]

早期的研究表明，接受稳定性、敲击、协调、打字、颜色命名、计算和其他测试的受试者在摄入咖啡因后会有明显的改善。[149] 20 世纪 90 年代末的测试证实了这些发现，并表明饮茶后注意力、辨别力、记忆力和运动能力都有明显提高。这也可以从咖啡因在改善思维、学习和"情绪健康"方面效果的更广泛讨论中看出。[150]

第二次世界大战后，人们的注意力一度转向别处。从青霉素开始，新的"神奇药物"层出不穷，西方国家对伤寒、霍乱、痢疾等疾病的兴趣也逐渐减退，这一切都使得研究资金转向了其他方向。然而，直到 1975 年，杰弗里·斯塔格（Geoffrey Stagg）和戴维·米林（David Millin）才在当时来说非常重要的一项研究调查中，说明了茶叶可能产生的影响多么广泛。在文章末尾，作者总结了一些研究成果，列出了与茶有关的疾病或病症、活性成分，以及建议方案。他们列出的一些受茶叶影响的疾病和病症如下：贫血；龋齿；高血压和抑郁症；动脉粥样硬化、心绞痛、心肌梗死；某些形式的肝炎和肾炎；坏血病和维生素 C 缺乏的其他表现；辐射损伤，白血病预防；细菌感染（尤其是伤寒、副伤寒、霍乱和痢疾）；毒性甲状腺肿、甲状腺功能亢进；支气管哮喘、痛风、呕吐和腹泻；消化不良和其他胃病；老年性毛细血管脆性、炎症、出血性疾病。这些研究表明，多酚、维生素和咖啡因经常结合使用，可以在所有这些领域产生有益的影响。[151]

到了 20 世纪 80 年代，人们逐渐意识到西药的疗效正在迅速减弱，同时为了应对日益严重的老年疾病（癌症、中风、心脏病发作），人们开始重新关注发展中国家的许多草药和植物疗法，其中就包括茶叶。西方实验室的研究大多局限于"西方工业"疾病，但与此同时，俄罗斯、日本、印度等国家也在对茶叶的营养和流行病学方面进行研究，尽管这些研究在很大程度上被忽视了。

日本的研究人员一直走在这项工作的前列。他们认为，饮茶能显著降低各种癌症（皮肤癌、消化道癌症、结肠癌、肺癌、肝癌和胰腺癌等）的发病率，并经常抑制癌症的扩散。饮茶能降低胆固醇水平，降低血压，有助于强化动脉血管壁，从而减少中风和心脏病的发病率。[152] 此外，饮茶还能降低血糖水平，有助于控制肥胖和糖尿病。电子显微镜显示，茶能杀死流感病毒以及水和食物中携带的多种有害细菌。例如，导致霍乱、伤寒、副伤寒以及阿米巴痢疾和杆菌痢疾的细菌都会被茶中的化学物质消灭。最近几年的研究已经开始解释这些结果是如何实现的，例如通过分离出抑制癌细胞繁殖的化学物质（儿茶素）。

这些以及其他一些研究成果最初只被研究实验室确认和证实，后来才被越来越多的报刊的科学版记者所报道。大约在这个时候，报纸也开始报道有关红酒、巧克力和茶中的各种单宁酸可能对健康有益的令人兴奋的新发现。以下是 1995 年以来出现在英国报纸上的几个例子。

1995 年 1 月 24 日，亚历克斯·莫罗伊（Alex Molloy）在《独立报》（Independent）上以"最新研究表明，茶可以预防疾病"为题，报道了多项研究。"荷兰的最新研究表明，经常喝茶的人心脏病发作的死亡率是从不喝茶的人的一半。挪威的一项研究表明，在各种疾病导致的死亡方面，饮茶量高于平均水平的人的死亡率均有所下降。"此外,"茶叶中的锰含量几乎是普通人摄入量的一半,而锰是健康关节所必需的矿物质。茶叶还富含氟化物,有助于预防蛀牙"。[153] 这还不是全部。美国新泽西州罗格斯大学(Rutgers University)和美国健康基金会(American Health Foundation)的研究表明,饮茶可降低肺癌、结肠癌,尤其是皮肤癌的发病率。

1995 年 5 月 17 日,《独立报》医学编辑西莉亚·霍尔(Celia Hall)以"绿茶有助于降低癌症风险"为题,报道了发表在《英国医学杂志》(*British Medical Journal*)上的一篇论文。她写道:"日本研究人员今天说,绿茶可以预防心脏病和肝病,还可能预防癌症。他们发现,喝茶越多越能降低风险。"这项研究的对象是居住在东京附近吉见町的男性。

《泰晤士报》科学编辑奈杰尔·霍克斯(Nigel Hawkes)于 1996 年 4 月 20 日报道:"荷兰的一项研究表明,喝茶可以预防中风。在对 550 多名男性进行的长达 15 年的调查中,喝茶最多的人比喝茶最少的人患中风的风险降低了三分之二。"他评论说:"早先的研究表明,类黄酮能降低患心脏病的风险。这是首次显示出饮茶对中风的预防作用。"

1997 年 1 月 12 日《星期日泰晤士报》(*Sunday Times*)上的一篇小文章报道说:"根据澳大利亚联邦科学与工业研究组织(Commonwealth Scientific and Industrial Research Organization,CSIRO)上周发布的一份报告,喝茶可能有助于预防皮肤癌。喝红茶的小鼠相较于喝水的小鼠,患癌症和皮肤病变的风险降低了 54%,相较于喝绿茶的小鼠,患癌症的风险也显著下降。"

亚历克·马什（Alec Marsh）在 1999 年 1 月 3 日的《星期日电讯报》（Sunday Telegraph）上以"茶——真正能让人思考的饮料"为题进行了报道。他写道："一项研究发现，喝一杯茶能提升注意力和学习能力。当人们同时做两件事时，喝茶尤其有益，当他们接连完成一项任务时，喝茶也能帮助他们集中注意力。"其中一个有趣的方面是，"喝茶的人比只喝咖啡因饮料的人表现得更好"。在实验过程中，志愿者要在长长的字母流中挑选字母，这些字母每半秒在屏幕上闪烁一次。"那些喝了两杯无糖茶后进行测试的人的表现远远好于那些什么都没喝的人"。

彻丽·诺顿（Cherry Norton）在 2000 年 9 月 21 日的《独立报》上以"你需要的是一杯好茶"为题进行了报道，指出茶有真正的益处，"如将患心脏病的风险降低，降低罹患胰腺癌、前列腺癌、胃癌和肺癌的风险。这些益处被认为来自一系列维生素、矿物质和抗氧化剂，它们能带来良好的营养平衡，并具有抗衰老的作用"。此外，"大量饮茶可以增加液体摄入量，防治因液体摄入量低而引起或加重的便秘和膀胱炎等疾病"。

报告补充说，茶叶含有一系列重要的维生素，如维生素 A、维生素 B_1、B_2 和 B_6。茶还是"钾和锰的丰富来源。钾对维持正常心跳、使神经和肌肉发挥作用以及调节细胞内液体水平至关重要。锰是骨骼生长和身体整体发育所必需的元素，五六杯茶可提供人体每日所需量的 45%"。

她引用日本的一项研究成果，"每天喝 10 杯以上绿茶的日本男性患肺癌、肝癌、结肠癌和胃癌的概率较低"。中国的一项研究发现，"红茶和绿茶都能限制肺癌和结肠癌的发展，还能降低患消化道癌症的风险。此外，大量研究证明，茶还有助于降低患心脏病的风险，因为它能降低胆固醇水平和高血压"。

英国《独立报》2001 年 5 月 22 日的一篇报道称"人们在 15 分钟内用红茶漱口 5 次，每次 30 秒，能在一定程度上减少牙菌斑的形成"。约翰·冯·拉多维兹（John von Radowitz）于 2001 年 7 月 23 日在《独立报》上报道说，美国的一项研究表明，"喝茶能改善动脉壁的功能，从而防治心脏病……这一发现为以前的研究增添了可信度，之前的研究就认为，茶叶中所含的被称为类黄酮的抗氧化剂可能有助于防止胆固醇破坏动脉血管"。

洛娜·达克沃斯（Lorna Duckworth）在 2002 年 4 月 9 日的《独立报》上以"饮茶者'患癌症的风险较低'"为题，介绍了美国和上海肿瘤研究所的科学家们开展的一个项目。从 1986 年开始，研究对大约 18244 名男性进行了癌症迹象监测。研究人员发现了 190 名胃癌患者和 42 名食管癌患者，并将他们与 772 名类似的非癌症患者进行了比较。从尿检样本来看，那些检出表没食子儿茶素没食子酸酯（epigallocatechin gallate，EGCG）的人患上这些癌症的风险较小——而这种物质被发现存在于茶中。该研究得出结论，表示"经常饮茶的人患胃癌或食管癌的风险大约是不常饮茶的人的一半"。

萨拉·卡西迪（Sarah Cassidy）于 2002 年 5 月 7 日在《独立报》上以"喝茶可提高心脏病患者的存活率"为题，报道了发表在《美国健康协会杂志》（*Journal of the American Health Association*）上的一项研究。一项针对 1900 名美国心脏病患者在心脏病发作后四年内的研究表明，"大量饮茶者最有可能存活下来，而适量饮茶者的死亡率比不饮茶者低近三分之一"。研究人员认为，茶叶中的类黄酮可能阻止了动脉壁的退化，还可能具有抗凝血和放松身心的作用。

这些只是每年发表的数百篇科学论文的摘录，这些文章报告了茶可能对健康产生的益处。1991 年，全世界仅发表了 153 篇绿茶研究报告。到 1998 年时，这个数字达到了 625 篇。[154]2000 年，彻丽·诺顿指出，前一年发表了 700 多篇关于茶与健康之间联系的研究报告。相关内容不仅数量增长迅速，而且许多研究成果首次通过万维网向普通人开放。直到不久之前，大多数人还无法获得这些研究成果，因为它们大多存在于学术性强且难以获得的文章中。如今，只需在电脑前按一下鼠标，就能获得这些成果。其中包括最近进行的一项重要研究，该研究认为茶叶中的一种酶可能通过某种机制起到防止癌细胞生长的作用。[155]

将古老的观念与最新的研究进行比较，可以发现一些古老的益处已被遗忘。许多被认为是茶的好处——对视力、消化、咳嗽、哮喘和溃疡等有益——已经从研究议程中淡出。现代研究趋向于集中在癌症、心脏病、中风和肥胖上。尤其是历史上的四大杀手——黑死病、疟疾、流感和水传播疾病（霍乱、伤寒、痢疾），早期的作家和医生认为喝茶可以影响这些疾病，但现在西方的研究实验室已不再对这些疾病感兴趣。

需要强调的是，这项研究在两千年后的今天仍处于初期阶段。正如他们在期刊上所说的那样，茶与健康之间的许多假定联系"尚无定论"。有些事情是确定无疑的，例如茶对注意力、记忆力、辨别力和身心高效运作的影响。同样，茶叶中的酚类物质可以杀死许多主要的水传播细菌，包括传染伤寒、霍乱和痢疾的细菌，这一点现在已经毋庸置疑。这些在过去一定产生过重要的影响。

至于与癌症、中风和心脏病发作等身体疾病的关系，则不那么确定。这方面的研究还处于初步阶段。对小鼠进行的实验表明两者之间存在关联，而对人类群体进行的纵向研究也经常显示出相关性。人们开始了解抑制作用的方式，但大规模的人体试验才刚刚开始。

至于其他可能存在的极其重要的联系，即与黑死病、流感、疟疾甚至艾滋病的联系，相关的研究工作几乎还没有开始。有迹象表明两者之间存在联系，就流感而言，我们知道茶叶可以杀死病毒，但对其他三种疾病的机理和可能的广泛影响还没有进行研究。鉴于许多现代药物对抗疟疾的有效性日益减弱，流感的多样性和威力，新型病毒大流行的可能爆发，以及艾滋病流行的巨大悲剧，对这一领域进行深入研究似乎是值得的。

现阶段还无法确定茶叶的健康价值到底是什么。越来越多的确凿证据表明，茶对减少某些疾病有积极作用，而相应的不良影响却很小。如果过于自信，宣称茶叶是神药，或者过于谨慎和怀疑，停止研究茶叶的特性，那就太愚蠢了。至少，茶已经产生了巨大的影响，能够说服数以百万计的人不厌其烦地把他们喝的水烧开。人们为了喝茶，不惜费力、费燃料、费时，而且热茶水本身的口感也不好，本身就说明了茶不可能没有积极的功效。数百万人因此变得更加健康。我们还知道，茶叶外用可以起到杀菌的作用。然而，与大多数其他杀菌剂不同的是，它可以对付一些危险的体内细菌，以及处理体内的许多其他平衡。现在，茶叶中的化学物质可以对抗许多疾病，这也是热水效应的潜在优势。

事实上，世界上超过三分之二的人口每天都经常喝茶，这是一个简单而重要的事实。它可能并不比许多其他植物更神奇，因为这些植物的叶子中含有保护它们免受细菌和病毒侵害的物质——例如给我们带来奎宁的金鸡纳树的树皮。正如任何草药书都会指出的那样，许多植物都有益于人体健康。例如，17 世纪的草药学家卡尔佩珀（Culpeper）对月桂树就有过这样一段描述。

> 月桂的浆果对所有毒物的毒素、黄蜂和蜜蜂的毒刺以及瘟疫或其他传染病都非常有效……女性在用叶子和浆果煎煮成的药水中坐浴，对于治疗女性疾病（子宫疾病）非常有益……对于经期紊乱（月经问题），或膀胱疾病、风寒引起的疼痛和排尿困难等问题同样有较好的疗效。[156]

不同之处在于，只有少数人喝月桂叶煎剂，而每天有数百万人喝茶。由于茶叶中含有咖啡因，以及政治、经济和社会原因，很多人都喜欢喝茶。如果茶叶中确实含有抗菌剂和其他成分（其中许多成分的作用仍鲜为人知），那么茶叶确实会对全世界人的健康产生巨大影响。[157]

第十四章

魔幻之水

"不，"阿瑟（Arthur）说，"看，这很简单……我所要的……只是一杯茶。你帮我泡一杯。安静下来，听我说。"他坐下来，向自动营养机（Nutri-Matic）讲述了印度，讲述了中国，讲述了锡兰。他描述了在阳光下晒干的宽叶子，讲述了银质茶壶，还叙述了草坪上的夏日午后。他介绍了倒茶前先将牛奶倒入杯中才不会太烫。他甚至简要地讲述了东印度公司的历史。

"就是这些了吧？"当他讲完后，马提克问。

"是的，"阿瑟说，"那就是我想要的。"

"你想要品尝沸水中浸泡干叶子的味道吗？"

"呃，是的。再加些牛奶。"

"从牛肚子里喷射出来的东西？"

"嗯，从某种意义上来说，我想算是吧……"

——道格拉斯·亚当斯（Douglas Adams），
《银河系漫游指南》（*The Hitchiker's Guide to the Galaxy*）

在茶叶及其影响的历史中，积极和消极两大主线始终交织在一起。茶叶传播和消费方式的全球故事展现了一些茶叶的非凡成就和效果。这种成功可以追溯到其最早的起源。在喜马拉雅山脉东部这个世界上植物最丰富、竞争最为激烈的生态系统中，一种植物要想生存下来，就必须进化出非常优越的"进攻"和"防御"武器。如果它是一种通过坚果或浆果繁殖的物种，它就必须吸引鸟儿或猴子这类的哺乳动物采食，帮它广泛传播种子。由于有如此多的可食用叶子和浆果可供选择，如果这种植物要在进化的严酷环境中生存下来，仅仅味道好是不够的。需要一个额外的诱因。就茶树而言，主要的诱因可能是咖啡因。这将产生不寻常的双重效果，让许多食用它的物种的身体和精神都感到愉悦。

咖啡因这种诱因曾被可可和马黛茶成功地用于潮湿且竞争激烈的南美丛林中，也曾被咖啡树成功地用于生态条件恶劣的中东沙漠中。当然，咖啡因在多种植物中作为诱因被开发出来，并不意味着它在植物的发展过程中没有其他用途。也有可能是这种生物碱有助于建立植物生长所需的蛋白质分子。还有人认为，这是分子分解造成的。然而，许多人仍然不清楚茶叶中含有的大量咖啡因在生物学上究竟有什么作用，这一事实本身就支持了这样一种观点，即茶叶中的咖啡因是出于多种原因而被选中的。

在为生存而战的过程中，茶树还面临着另一个问题，即如何提高自身的防御能力，抵御各种捕食性微生物的侵袭，尤其是在受到破坏时。树木的树皮中会产生抗菌和抗真菌的化学物质，包括"栎五倍子"在内的各种单宁酸通常被人类用作药物。咖啡豆和可可豆有坚硬的外壳保护，因而里面的豆子则不需要这种精心设计的防御措施。茶树和葡萄树没有采用这种方法，而是经过数百万年的进化，演化出了另一种解决方案。它们在自己的外壳、葡萄皮或绿叶闪亮的表面生成了某些物质，这些物质可以作为抵御微生物入侵的盾牌。

这些化学物质会杀死一些捕食性细菌、变形虫、锈菌、霉菌和寄生虫。虽然有些化学物质可以穿透防御系统，让茶难免成为许多害虫、真菌、锈菌和霉菌的猎物，但总的来说，防御系统还是非常成功的。有人指出，与咖啡、马铃薯或葡萄等作物不同，"至今还没有严重的疾病对茶产业造成破坏"。后来，人类意外地增加了茶叶的抗菌能力，因为在揉捻茶叶时，由于碾碎的茶叶释放出的化学物质具有杀菌特性，微生物的数量会立即减少。[158]

茶叶中约 40% 的固体重量被单宁酸（酚类）和类似的化学物质占据。酚类物质是人类发现的最强大、最广泛的抗菌物质之一。例如，19 世纪后期，约瑟夫·李斯特（Joseph Lister）等人就是用酚类抗菌物质给医院消毒，以确保手术安全。因此，茶树（以及葡萄）的表皮发展出了一套非常强大的防御系统。

除了作为一种防御机制，茶叶强大的杀菌功能可能也是一种有用的吸引物。人们早就观察到，猴子能够将自己的健康与某些植物联系起来。它们已经知道，如果有伤口或感染，它们可以咀嚼茶叶，并将唾液连同咀嚼过的茶叶撒在伤口上，这样伤口就更容易愈合。我们还可以认为，进化是通过这种更间接的方法进行的。那些以茶叶为食的猴子会更健壮，生存能力更强，因为茶叶会杀死它们口腔和胃中的有害细菌，而且它们会因咖啡因的刺激作用而更敏捷、更成功。因此，猴子和茶叶之间的共生关系可能早在人类出现之前就已经建立了。

首先，猴子沿着"阿萨姆—缅甸—中国西南部丛林"的方向传播茶叶。后来，部落居民和商人发现了茶叶的用途。茶叶改变了东亚地区的宗教、经济、美学、工艺，伴随着中国和日本文明的发展。

1600—1900 年，茶首先传播到西欧、中东和俄罗斯，并主要通过大英帝国开始在赤道地带的许多地方种植。印欧语系的人以及大英帝国的新分支（加拿大、澳大利亚和美国）的人也开始饮茶。

与这些可能被认为是积极的影响相比，我们必须看到巨大的环境和人力成本。在西方，伴随茶和糖而来的是工厂和矿山的血汗劳动。更令人发指的是，成千上万的茶园工人受到剥削，而茶园经理和股东得到的巨额利润则使这种剥削更加肆无忌惮。

同样，关于茶叶对帝国兴衰起到了什么样的影响，看法也很复杂。它在中国、日本和英国的崛起中发挥了重要作用。但是，这些新兴帝国也让邻国以及本国民众、殖民地附属国付出了沉重的代价。就英国而言，茶叶的有益影响必须与茶叶所鼓励的工业化，以及茶叶在印度帮助建立的帝国（包括对阿萨姆的掠夺）所带来的负面影响相提并论。

在过去 20 年里，至少部分茶园的条件有所改善。此外，所有利润都流向英国或其他西方国家的粗暴剥削现象现在也不那么明显了。印度独立后，阿萨姆的茶园交给了印度人管理，主要由印度茶叶公司持有。

人类是历史上最成功的大型捕食者。他们几乎吞噬了地球上的所有其他物种，或将它们奴役为己所用。然而，他们有一个致命的竞争对手，在进化适应性方面，它比人类更为优越。微生物体积太小，肉眼无法看见，且能极快地繁殖。原生动物、变形虫、病毒，尤其是细菌，遍布人体和地球表面。

纵观人类历史，直到最近 140 年，人类才意识到微生物的影响。除了在 17 世纪下半叶用早期的显微镜看到过有限的景象，人们无法看到或理解这个无形王国的运作。因此，抵御危险微生物的努力在很大程度上是无效的。使问题更加复杂的是，一个社会在经济和生产上取得的任何成功都会使人口更加密集，这也增加了微生物更快复制的机会。这使得可以通过多种方式传播的细菌成为一个越来越大的威胁。

人类的进化如此缓慢，而且体型相对较大，容易受到攻击，因此，人类的防御依赖于几种东西，包括与其他哺乳动物共有的免疫系统。然而，人类与其他动物的区别在于两种特殊能力。其一是人类能够生成、储存和交流大量关于世界的可靠知识。其二是人类可以利用这些知识来改造现有资源或发明新工具。

然而，在 19 世纪 70 年代巴斯德、柯赫等人做出他们的重要发现之前，与细菌较量的人类根本无法看见他们的敌人。因此，克服疾病的技术是靠碰运气。为了达到产生足够知识和技术以对抗这些疾病的水平，先前的科学和工业文明是必要的先决条件。这样的革命只有在正常的细菌传播被抑制的情况下才可能发生。如果敌人看不见且鲜为人知，这种情况如何发生？似乎是一个恶性循环，没有出路。

数百万年来，世界见证了植物、动物和微生物之间的类似斗争。通过盲目或随机变异，然后选择性地保留成功的策略，某些植物和动物得以繁荣。当现代智人（homo sapiens）出现时，这个物种继承了大量的经验和丰硕的成果。男人和女人利用已经进化的各个物种来建立一种生活方式，以建立他们的文明。

在很大程度上，人类为了满足实际需求，将一些动植物作为食物，其好处通常立竿见影。一个人会饥饿、虚弱、疲倦，然后他吃着食物并享受着青草、水果和树叶的味道，吃了后就不再饥饿，身上就会有力气。这一切对人类来说都显而易见、可以感知。但在与微生物的战争中，敌人可能潜伏在哪里永远不确定。充满无数微生物的世界是人类肉眼所看不到的。

当人类开始注意到某些行为（如食用植物或进行隔离），与改善身体健康状况之间的联系时，任何对抗微生物疾病的技术都必须建立在人类的盲目变异和选择性保留之上。从更高的层次上来说，一个通过偶然和选择建立了正确联系的群体将在长期斗争中茁壮成长并获胜。

通过这种方式，许多有用的植物成分被记录下来。最近的研究表明，很多被收录进东西方草药药典中的草药确实有效。其中一些，如奎宁，迅速成名。大多数草药，如可以缓解被荨麻扎到后刺痒的酸模叶，可以缓解抑郁的贯叶连翘，可以缓解多种疾病的人参，都经过了长时间的进化。虽然它们中的许多都具有治疗效果，但几乎没有哪种草药疗法能够预防这些疾病的发生。预防疾病需要某种强效的杀菌剂，这种杀菌剂最好由自然进化而来，然后被人类采纳和驯化，从而能够大量生产。

历史上只有一种这样的植物，至少是一种几乎被普遍使用的植物，那就是茶。茶不仅包含适当的抗菌物质混合物，而且还包含其他诱因，使其成为历史上最受欢迎且分布最广泛的健康植物。茶是偶然被发现的，并因各种原因被使用，直到现在，我们才开始了解它如何在人类的疾病防控中发挥功效。

自 1870 年左右起的一个世纪中，随着监测水质并提供安全的管道饮用水成为可能，发展中国家的饮用水污染问题得到了解决。这是一个非常近期的现象，在欧洲甚至并不普遍，这一点众所周知。许多人仍然记得在 20 世纪 60 年代和 70 年代，英国或美国公民在西班牙、意大利、希腊甚至法国度假时，被建议避免饮用可能带来危险的自来水。只有少数北欧国家和美国相对安全。现在，发达国家普遍拥有安全的公共饮用水。

然而，根据最近[①]一系列关于水和健康的报道，大约 11 亿人，即约世界人口的六分之一，仍无法获得安全饮用水。在非洲和亚洲的大片地区，距离最近的水源平均有 6 公里远，人们（主要是女性）每天或每两天需要携带 10 ~ 16 升的水回到住处，而且其中许多水并不安全。再加上，全球 40% 的人口用不上合格的卫生设施，使得大量人口依然会因水传播疾病而死亡。同一报道还称，世界上一半的病床被患有水传播疾病的人占据，因为每 15 秒就有一个孩子死于水传播疾病，其中多数是婴儿。[159]

这些问题依然存在。生活在一个日益拥挤的世界里的人们，尤其是生活在第三世界急剧扩张的城市里的人们，在冷水受到严重污染，生牛奶对于大多数人而言既不安全也买不到的情况下，怎样才能每天平均喝下 2 品脱的安全液体？咖啡、葡萄酒、威士忌、清酒，所有这些以及我们所见过的许多其他饮料，要么不适

---

① 本书原版出版于 2003 年。——编者注

宜，要么成本过高。在水源变得安全之前，似乎只有一个选择，即东亚人几个世纪以来发现的那个选择——饮茶。

茶也有一个主要缺陷。虽然它本身通常相对便宜，而且茶叶可以重复使用，但泡茶往往需要沸水。事实上，发展中国家一半的能源需求是用于烹饪和取暖的燃料，这是对家庭资源的巨大消耗。必须烧水泡茶则增加了这笔费用。

然而，喝不上茶的后果更是无法想象的。如果生活在中国、日本、印度和东南亚的世界人口中有三分之二突然不能喝茶（例如，如果灌木遭受与爱尔兰土豆或法国葡萄藤类似的枯萎病），死亡率将飙升。许多城市将崩溃，婴儿将大量死亡。这将是一场灾难。

因此，建议任何关心改善世界贫困地区人口生活条件的政府或慈善机构，不如考虑推广分发粉状或叶状茶。与此同时，他们应该研究如何以最少的燃料消耗生产这种令人振奋、有益健康和社交的饮品。如果历史重演，这一行动可能比提供任何其他"药物"都能挽救更多的生命，并创造更多的幸福。与此同时，需要调查生产茶叶的茶园那不令人满意的条件，以便在各方面对提供这种非凡药物的茶园劳工给予更适当的回馈。

今天，在拥有清洁管道供水和财富购买其他饮品的先进工业化国家，水传播疾病的问题在很大程度上已经消失。由此我们可能会得出结论，茶的保健特性已经完成了它的使命。茶帮助我们推动了世界的发展，但现在茶主要用于帮助人们恢复活力，茶不再是药物了吗？

在工业化、城市化国家中，致死率最高的是中老年疾病，特别是各种类型的癌症、心脏疾病（冠心病）、大脑疾病（如中风）。现在开始有人提出，在纯属偶然的情况下，茶树在进化过程中产生了有益物质。这些物质大量存在于多酚、类黄酮等构成茶叶固态物的主要成分中，不仅含有抗菌和抗真菌剂，还包括一系列抗氧化剂、维生素和其他化学物质。它们的性质和效果尚未充分了解，但随着研究和测试的深入，它们越来越表明，茶可能具有超越提供安全饮品的其他特性。相关研究开始表明，许多退行性疾病似乎可以通过饮茶得到缓解。

人类的大部分健康、灵感和幸福都来自这株不起眼的绿色植物。一个集生产、运输、拍卖、广告和销售为一体的庞大茶叶行业已然出现，并影响着地球上的许多国家和地区。茶为世界上多达四分之三的人口提供了他们日常所需的大部分饮料。

茶使数百万人的生活变得足以为继，甚至从中收获幸福。人们可以在享受茶香的过程中开展社交活动，还可以在茶的帮助下，愉快地度过在工厂、矿山、种植园和田野中的每一天。如果没有茶，人们疲惫的身体和心灵都将难以得到疏解。

然而，为了生产这种使其他人富裕的"绿色黄金"，数百万茶园劳工遭受了如此多的苦难和屈辱。试想一下，这株看似无害、温和、棕色或绿色的植物背后隐藏着什么，简直触目惊心。德·昆西（De Quincey）将茶喻为"魔幻之水"不无道理。

致 谢

　　照例，本书内容的充实得到了许多朋友和同事的鼎力支持。伦敦国王学院的米歇尔·谢弗（Michelle Schaffer）、H. B. F. 狄克逊（H .B. F. Dixon）和剑桥大学三一学院的德里克·本德尔（Derek Bendall）帮助核对了生物和化学方面的内容。克里斯·贝利（Chris Bayly）、马克·埃尔文（Mark Elvin）、布莱恩·哈里森（Brian Harrison）和戴维·斯尼思（David Sneath）就历史和人类学方面提供了宝贵的建议。利佩尼（Lipeni）、克里斯蒂娜（Christine）和迪朗·隆加龙（Dirang Lungalong）为我们介绍了加尔各答。辛格夫妇、莉莉（Lily）和斯莫·达斯（Smo Das）为我们提供了关于阿萨姆的信息。巴布斯·约翰逊（Babs Johnson）陪同艾丽斯前往了阿萨姆。布林妮·莱斯特（Brynny Lyster）对我们在印度事务部图书馆的研究提供了帮助。希尔达·马丁（Hilda Martin）一如既往地提供了支持性建议（和茶水）。莉莉·布莱克利（Lily Blakely）向我们介绍了茶如何在母乳中传播。戴维·杜根（David Dugan）、伊恩·邓肯（Ian Duncan）和卡洛·马萨雷拉（Carlo Massarella）协助我们拍摄茶道仪式与对茶主题的讨论。安德鲁·摩根（Andrew Morgan）和莎莉·杜根（Sally Dugan）仔细阅读了本书，并提供了出色的建议。当时正在剑桥大学历史与科学哲学专业撰写论文的伊丽莎白·琼斯（Elizabeth Jones），两次通读了本书，并提出了诸多宝贵的批评意见。她提出的一些引文材料已被纳入本书，尤其是第五章。伊伯里出版社的杰克·林伍德（Jake Lingwood）和克莱尔·金斯顿（Claire Kingston）等人亦对这本书的出版多有帮助。尤其值得一提的是，萨拉·哈里森（Sarah Harrison）和格里·马丁（Gerry Martin）两位对本书进行多次仔细阅读，并与作者深入讨论，为本书诸多篇幅作出巨大贡献。当然，还要感谢数千年来无数为种茶、产茶付出生命的人们，本书便要献给他们。再次对上述所有人表示最诚挚的谢意。

注释、参考文献

（扫码查阅。读者邮箱：zkacademy@163.com）